La Torche Brûlante

Ou

Torche Numéro 1

Rév. Renaut Pierre-Louis

Pour toutes informations regardant nos ouvrages et vos brochures évangéliques, adressez-vous à:

Peniel Southside Baptist Church
P.O. Box 100323
Fort Lauderdale, Fl 33310
Phone: 954-242-8271
954-525-2413
Fax: 954-623-7511
Website :www.penielbaptist.org
Website: www.theburningtorch.net
E-mail: renaut@theburningtorch.net
E-mail: renaut_cyrille@hotmail.com

Copyright © 2020 by Renaut Pierre-Louis
Tous droits réservés @ Rév. Renaut Pierre-Louis

Attention : Il est illégal de reproduire ce livre en tout ou en partie sous quelque forme ou par quelque procédé que ce soit, électronique mécanique, photographique, sonore, magnétique ou autre, sans avoir obtenu, au préalable, l'autorisation écrite de l'auteur.

Préface

Le pasteur Renaut Pierre-Louis a eu jusqu'ici une carrière bénie au service du Seigneur. Durant de nombreuses années, il a été l'ange de l'Eglise Baptiste Redford dont il a fait, sous la direction du Saint–Esprit l'une des communautés protestantes les plus vivantes et les plus dynamiques du pays. Il y a fondé des œuvres sociales qui ont eu un grand rayonnement dans la région : deux écoles primaires, une école secondaire, une école professionnelle. Contraint de s'expatrier, il n'a pas sombré dans le découragement, mais s'est remis courageusement au travail aux Etats-Unis, son pays d'adoption. Il y a fondé l'Eglise Baptiste Peniel, une Eglise qui est une source de lumière et de chaleur pour ceux qui la fréquentent et pour ses visiteurs. Dans son désir d'être utile au plus grand nombre possible de nos compatriotes, où qu'ils vivent, il s'est choisi un nouveau créneau d'action en préparant un manuel à l'intention de nos Eglises, celles de la diaspora aussi bien que celles qui sont établies dans le pays.

Cet ouvrage vient à son heure. Le besoin d'un manuel pour nos Ecoles du Dimanche se faisait depuis longtemps sentir. Il aidera nos moniteurs à dispenser à leurs élèves un enseignement de qualité. L'auteur fait montre d'une grande imagination dans le choix des illustrations pour éclairer les enseignements qu'il y expose.

La sainte doctrine y est exposée avec clarté. Le style y est clair, et le contenu extrêmement riche.

Nous recommandons chaudement ce manuel aux pasteurs et aux moniteurs de nos Ecoles du Dimanche. Il les aidera à bien remplir leur mission d'enseignement de la Parole et d'évangélisation.

Rév. Dr. Fritz Fontus, 23 octobre 2003

Remerciements

La parution de cet ouvrage était inspirée de l'auteur de tout don parfait et de toute grâce excellente, de Dieu lui-même sous la dictée de qui ces pages vous sont émises. A lui l'honneur et la gloire.

Il a mis sur notre chemin les pasteurs Amos Eugène, Fritz Fontus, Hénoc Chéry, Robert Chéry, Mario Valcin, Joseph Israël, Enoc Tobi, Aserge Privert, Julio Brutus, les frères Hénoc Félix, Jean-Guy et Fernice Etienne, la vaillante Catherine Pierre-Louis, notre compagne de combat et les vaillants de l'Eglise Baptiste Péniel de Fort Lauderdale Ils ont tous contribué, soit par leurs idées, soit en nous incitant à la publication d'un manuel capable de bâtir la vie spirituelle de nos frères.

Nos remerciements vont à eux tous et aussi à toutes les Eglises qui ont utilisé nos feuilletons hebdomadaires pour instruire les enfants du Bon Dieu et surtout à vous bien-aimés qui priez sans cesse pour nous.
L'auteur

Pour toutes informations et pour vos commandes, adressez-vous à:

LA TORCHE BRULANTE
P. O. Box 100323
Fort Lauderdale, Fl 33310
Phone : 954-525-2413
Cell : (954) 242-8271
Web site: www.penielbaptist.org
E-mail: renaut_cyrille@hotmail.com

Première Série

LE CHRISTIANISME

AVANT-PROPOS

Cet ouvrage est destiné à attirer votre attention sur le message central de la Bible : Jésus, le Sauveur du monde. Il vous introduit sur la route du calvaire et vous engage à participer à la vie du Seigneur. N'abandonnez pas cette lecture avant de prendre une décision pour l'accepter comme Sauveur et le suivre.

Leçon 1
Le Christianisme, Plan De Dieu Pour Sauver L'homme.

Textes pour la préparation: Ge.1:28; 3:1-21; 8:15-20; 12:1-3; Ex. chap. 19 a chap.40 :1-38 ; Mt. 11 :28 ; 28 :19-20 ; Jn.3:1-36; 12 :32 ; Ac.2 :1-4 ; 4 :12 ; Ro.6 :23 ; 2Co.5 :21 ; Hé. 1 :1 ; 10:1-39

Texte à lire en classe: Ep. 2:8-10

Texte d'or: Car c'est par la grâce que vous êtes sauvés, par le moyen de la foi. Et cela ne vient pas de vous, c'est le don de Dieu **Ep. 2:8**

Méthodes: discours, comparaisons, questions.

But: présenter Jésus-Christ comme le seul Sauveur

Introduction: Dans cette leçon nous allons voir le plan de Dieu pour sauver l'homme après son péché. Il couvrit la nudité physique d'Adam, signe de rédemption, et prépara le chemin pour le salut de l'humanité. Il intervient donc en une série de sept dispensations.

I. **Qu'entendons-nous par dispensations ?**
Ce sont les révélations progressives de Dieu à 'homme à travers le temps et l'espace. Elles concernent le plan de Dieu pour le sauver.

1. **Dispensation de l'innocence.** Ge. 1:28: L'homme devait se soumettre à Dieu; mais pour son malheur, il obéit au diable.

2. **Dispensation de la conscience** ou de la responsabilité morale. Ge. 3:7: Après son péché, l'homme est rendu responsable pour le bien ou pour le mal qu'il aura fait. Il doit venir à Dieu pour obtenir le pardon de ses péchés. Act.2:38

3. **Dispensation du gouvernement humain.**
   Ge. 8:15-20: L'homme va gérer la terre. Dieu établit sa condition de vie dans la société.

4. **Dispensation de la promesse.** Ge. 12:1-3. Dieu décida de former un peuple et dont la mission sera de révéler le vrai Dieu aux hommes. Il débuta avec Abraham.

5. **Dispensation de la loi.**
   Ex. Ch.19 à Ch. 40 :1-38
   Dieu fit connaître à Israël :
   a. Les traits de son caractère,
   b. L'état de péché de l'homme,
   c. La nécessité pour l'homme d'obéir à Dieu.

6. **Dispensation de la grâce** ou de l'Eglise. Ac. 2:1-4

   Dieu bâtit son Eglise à la Pentecôte avec pour mission d'aller par tout le monde et de gagner des âmes à Christ. C'est donc l'Eglise qui remplace Israël dans la mission de faire connaître Dieu au monde. Mt.28:20

7. **Dispensation du Royaume** (fin du temps)
   Ap. 20:4; 22:1-5
   1. Christ règne avec les saints pendant mille ans.
   2. La gloire remplace les souffrances.
   3. Israël reconnaît Jésus comme Roi et Messie.
      Ro. 11: 25-29

II. Ainsi à travers les diverses dispensations, Dieu n'a qu'un but: sauver l'homme. Ce salut vient de Jésus-Christ seul. He. 1:1

    a. Il vient d'en haut pour nous sauver.
       Jn. 3:13, 16; 12:32
    a. Dieu en a fait tous les frais.
       Ro. 6:23; 2Co. 5:21
    b. L'homme n'a qu'à croire en Jésus-Christ.
       Mt. 11:28; Ac. 4:12

Conclusion
Puisque le salut vient d'en haut, cessez vos œuvres mortes et venez à Christ maintenant.

Questions

1. Que veut dire dispensation?
   C'est la révélation graduelle du plan de Dieu pour l'homme à travers le temps.

2. Combien y en a t-il? Citez-les.
   Sept: l'innocence, la conscience, le gouvernement humain, la promesse, la loi, la grâce, le royaume

3. Quand finiront les dispensations?
   A la fin du règne de 1000 ans. L'éternité commence.

4. Quel est le but de Dieu?
   Se révéler aux hommes et sauver les pécheurs.

Leçon 2
La Croix, Planche De Salut Pour Tous Les Hommes.

Textes pour la préparation:
Lu. 9:23-26; Jn.cha.19; Ac.4 : 3-4 ; Ro.8 : 1 ; 5 :8 ; 1Co. 1:18-25 ; 2Co.5 :21 ; Col.2 :15 ; Ga. 6:17; 2Ti.3 :12
Texte à lire en classe: Lu 9:23-26
Texte d'or: Puis, il dit à tous : « Si quelqu'un veut venir après moi, qu'il renonce à lui-même, qu'il se charge chaque jour de sa croix, et qu'il me suive ». Lu.9 :23
Méthodes: discours, comparaisons, questions
But: Montrer le moyen employé par Dieu pour nous sauver.

Introduction
Tous les chemins mènent à Rome. Toutes les religions mènent à l'homme. Mais quel est le chemin qui mène au ciel? Laissez parler Jésus: la réponse est bien sûr, à la croix du calvaire.

I. Définition de la croix
1. **La croix:** Une barre verticale qui croise au deux tiers une barre horizontale. Autrefois, instrument de supplice chez les Romains pour exécuter les condamnés à mort.
   Jésus y fut cloué pour crime de lèse- Dieu et de lèse-Majesté: Il se dit Fils de Dieu et roi, donc ennemi de César: Jn.19:7, 12
2. **La croix:** lieu de rendez-vous assigné par Dieu au pécheur. Là, Jésus fut crucifié comme un vil criminel. Là fut payée la dette de nos péchés. Ro. 5:8; 2Cor. 5:21
3. **La croix:** signe du chrétien et de la souffrance. 2 Tim. 3:12 Tous doivent voir en vous les marques de Jésus. Ga. 6:17
4. **La croix:** signe du disciple: Il est partout où l'on parle de Christ ou qu'on accepte de souffrir pour lui sans gémir.Lu.9 :23

5. **La croix**: signe d'addition : Le disciple doit prêcher partout le message de la croix pour le salut des âmes. 1 Co. 1:18
6. **La croix** : signe de multiplication. Cf. Ac.4 :3-4
Si la croix debout est un signe plus, le signe du chrétien en mission pour sauver les âmes, la croix courbée est un signe de multiplication. Quand le chrétien est courbé sous la croix des souffrances, on ne peut énumérer le nombre de conversions à Christ et les bénédictions à obtenir, car plusieurs pourront vérifier la puissance de l'Evangile .

Remarques:
1. La croix est le seul signe que craint Satan, car c'est là que Christ l'a avili pour assurer notre victoire. Ro. 8:1; Col. 2:15.
2. La vraie croix n'est pas en métal, ni un bijou; elle n'est pas matérielle: C'est passer Jésus en dérision que d'en porter. C'est un sacrilège. La croix est plutôt un symbole de souffrances.
3. Celui qui veut le Christ sans la croix (souffrances) risque de trouver la croix (souffrances) sans le Christ. Donc pas de chrétien sans croix. C'est le grand principe de la vie chrétienne.

Conclusion: Soyez fier de la croix, portez-la jusqu'au bout. C'est le reçu attestant que vous avez persévéré jusqu'à la fin. Lu.9:23

Questions

1. Quel est le but de la leçon ?
   Montrer les moyens employés par Dieu pour nous sauver.

2. Donnez cinq définitions de la croix
   a. Lieu de rendez-vous de Dieu avec le pécheur.
   b. Le signe du chrétien et de la souffrance
   c. Le signe du disciple suivant le maitre
   d. Un signe d'addition pour le salut des âmes
   e. Un signe de multiplication

3. Quelle est l'arme que Satan craint le plus? Pourquoi?
   Il craint la croix parce que c'est là que Christ l'a avili et a assuré notre victoire.

4. De quel péché est coupable celui qui porte la croix matérielle?
   Un sacrilège, une profanation du message de la croix.

5. Qu'arrivera-t-il à qui veut le Christ sans la croix?
   Il va trouver la croix sans le Christ.

6. Quel est le grand principe de la vie Chrétienne?
   Il n'y a pas de chrétien sans croix.

Leçon 3
La Passion: Définir Les Souffrances Du Seigneur

Textes pour la préparation: Es.53 :7 ; Mt. 12 :24-30 ; 21:12-23; 26 :56 ; Mc.10 :37 ; 12 :13 ; Lu. 9 :22 ; 19: 10-48 ; Jn. 1 :29 ; 12 :27 ; Ac.1 :6 ; Ro.8 :1 ;12 :32 ; 1Pi.4 :1
Texte à lire en classe: Lu 19:41-44
Texte d'or: Si toi aussi, au moins en ce jour qui t'est donné, tu connaissais les choses qui appartiennent à ta paix ! Mais maintenant elles sont cachées à tes yeux. **Lu 19:42**
Méthodes: discours, comparaisons, questions.
But: montrer les souffrances de Christ jusqu'à sa mort.

Introduction
Qui aurait cru qu'un Dieu puisse souffrir? Jésus a souffert dans son humanité. Comment caractériser ces souffrances?

I. Définition du mot passion: du Grec Pathos: Souffrance.

II. Raisons de cette passion:
1. Les juifs méprisaient son messianisme.
   Il est venu chez les siens et les siens ne l'ont pas reçu. Ils l'interrogeaient toujours pour l'éprouver ou pour le prendre au piège. Mc. 12 : 13
2. Ils méprisaient son autorité. Mt. 21:23
   Puisqu'il chassait les vendeurs du temple de Jérusalem, les pharisiens lui demandèrent de présenter des preuves de son identité.
3. Ils méprisaient sa grandeur. Mt. 12:24-30.
   On le croyait sorti de Lucifer. Mt. 12: 27
4. Ils méprisaient sa mission: condamné pour cause politique, condamné pour le bien, alors qu'il se croyait venu pour chercher et sauver les perdus. Lu. 19:10.
5. Les disciples sous-estimaient sa mission:

Ils croyaient à un royaume terrestre où eux tous seraient au pouvoir. Mc. 10:37; Ac. 1:6.
6. Jésus savait qu'il sera trahi, vendu, arrêté, maltraité, humilié, crucifié, tué. Lu. 9:22.
7. Jésus savait qu'à l'heure du danger, tous allaient l'abandonner. Mt. 26:56
8. Il aura à garder le silence lors même qu'Il avait tous les moyens pour prouver son innocence. Es. 53:7

III. Avait-il un autre choix?
1. Il était venu pour cela. Jn. 12:27
2. S'il refusait la mort
   a- Je serais perdu. Jn. 3:16.
   Car le sang des boucs et des taureaux ne peut effacer le péché; Jésus est l'agneau de Dieu choisi dès avant la fondation du monde pour ôter le péché. Jn. 1:29.
   b. Satan serait champion, l'humanité entière serait perdue. Rom. 8:1

Conclusion: Ainsi puisque Christ a souffert dans la chair, armons-nous de cette même pensée. Rom. 8:32; 1 Pi. 4:1.

Questions

1. Quel est le but de la leçon ?
   Présenter un résumé des souffrances du Seigneur.

2. Que veut dire passion? Souffrance

3. Comment expliquer les souffrances de Christ?
   a. Les juifs ne l'ont pas accepté comme leur messie
   b. Ils méprisaient son autorité
   c. Ils méprisaient sa mission
   d. Les disciples sous-estimaient sa mission et vont l'abandonner
   e. Il savait d'avance qu'il va être trahi, vendu, arrêté, maltraité, humilié, crucifié et tué.
   f. Il ne pourra justifier son innocence à cause de nous.

4. Pouvait-il faire autrement? Pourquoi ?
   a. Non. Il était venu pour cela
   b. Je serais perdu
   c. Satan serait champion

5. Que dire à quelqu'un qui se fâche de la perte cruelle d'un bien aimé?
   Dieu n'a pas épargné même son propre Fils. Ro.8:32

Leçon 4
L'Effet De La Grâce En Jésus-Christ

Textes pour la préparation: Ex. 26:31-34; Lev.16 :34 ; No. 16:42-48; Es.53 : 5 ; Mt. 27: 45-54; Lu.23 :48 ; Jn.1 :17 ; 14 :6 ; Ro.6 :23 ; 2Co.5 :19 ; Ga.4 :4-5 ; He. 10:20
Texte à lire en classe: Mt. 27:45-54
Texte d'or: Car la loi a été donnée par Moise ; la grâce et la vérité sont venues par Jésus-Christ. **Jn. 1:17**
Méthodes : discours, comparaisons, questions
But: montrer la fin de la loi et le début de la grâce.

Introduction: Mathieu nous raconte en peu de mots une série d'événements qui met fin à la dispensation de la loi de Moïse et qui classe Jésus-Christ comme champion de la résurrection.

I. **Victoire de Christ sur la loi qui nous condamnait.**
   Ga. 4:4-5
   1. La loi nous condamne: Le salaire du péché c'est la mort. Mais Dieu veut sauver le pécheur. Il a donné Jésus à notre place pour payer la peine due au péché Ro. 6:23
   2. Sur la croix Dieu ne pouvait donc voir Jésus, car il était couvert de nos péchés. Es. 53:5
   3. Par sa mort sur la croix, Christ nous réconcilie à Son Père. 2 Co. 5:19

II. **Manifestations de sa victoire**.
   1. Le voile du temple se déchira de haut en bas. Mt. 27:51.
      a. Une œuvre purement divine. Ce voile séparait le lieu saint du lieu très saint. Seul le souverain sacrificateur pouvait le franchir une fois par an pour porter ses péchés et ceux du peuple. Ex. 26:33 ; Lé. 16:34
      b. Jésus a tracé pour nous *une route nouvelle dans sa chair*. Nul ne vient au Père que par Lui. Jn. 14:6.

2. Des sépulcres s'ouvrirent. Des rochers se fendirent. Des saints ressuscitèrent mais ils gardèrent le tombeau jusqu'à la résurrection de Christ pour que Christ demeure le premier-né d'entre les morts. Mt. 27 : 52-53.
3. Le grand tremblement de terre, et les ténèbres qui couvrirent toute la terre de midi à trois heures étaient des manifestations naturelles pour montrer la victoire provisoire du malin, car dans trois jours, Christ ressuscitera. C'était aussi un reproche aux juifs qui votèrent en faveur du criminel contre l'innocent; car tous ceux qui assistaient à ce spectacle s'en retournèrent en se frappant la poitrine. Lu. 23:48.

Résultat:
Maintenant, par sa résurrection d'entre les morts, nous nous approprions de sa victoire: Nous avons la paix avec Dieu. Il n'y a maintenant aucune condamnation pour ceux qui sont en Jésus-Christ. Nous ne sommes plus sous la loi, mais sous la grâce Rom. 6:14. Notre salut est assuré. Par son sacrifice nos péchés sont pardonnés. Nous avons la vie éternelle.

Questions

1. Pourquoi Dieu ne pouvait-il voir son Fils à la croix?
   Parce qu'il était couvert de nos péchés.

2. Expliquez l'évènement du voile déchiré.
   a. C'est une œuvre purement divine.
   b. Jésus est le souverain sacrificateur qui a enlevé la barrière qui nous séparait de Dieu.

3. Que jouissons-nous par sa mort sur la croix?
   La réconciliation avec Dieu, le Père

4. Citez des manifestations qui accompagnaient sa mort sur la croix:
   a. des sépulcres s'ouvrirent.
   b. des morts ressuscitèrent.
   c. un grand tremblement de terre.
   d. des rochers se fendirent.
   e. des ténèbres sur toute la surface de la terre.
   f. le voile du temple se déchira de haut en bas.

5. Que nous vaut sa résurrection?
   La victoire sur le diable, le monde, la chair, la mort. Nous avons la paix avec Dieu, la vie éternelle, le Saint-Esprit en nous.

Leçon 5
La Pâque Juive Et La Fête De Pâques Des Chrétiens

Textes pour la préparation: Ex.12:1-28; Mc. 14:12-25; Lu.22:19; Jn.1:29; 3:16; 18:38; 1Co. 5:7; 11:23-34; Ro.8:1; 8:9-11; 2Ti.3:12; He.10:10,14; 1Pi.3:18; 1Jn.1:7
Texte à lire en classe: Mc. 14:12-16
Texte d'or: Ensuite il prit du pain ; et, après avoir rendu grâces il le rompit, et le leur donna, en disant : « Ceci est mon corps qui est donné pour vous, faites, ceci en mémoire de moi.» **Lu 22:19**
Méthodes: discours, comparaisons, questions
But: dégager la signification de la Pâque.

Introduction: Le moment est arrivé pour le Sauveur d'accomplir sa mission, et pour l'exprimer, Il choisit d'instituer la Pâque. Est-elle une réédition de la Pâque au temps de Moise? Voyons:

I. **La Pâque Juive.** Ex. 12:3, 5, 7, 8, 11, 13
   1. C'est l'image de Christ notre Rédempteur: Jn. 1:29
   2. L'agneau devait être sans défaut, et pour en être certain, il fallait que la famille le garde pendant 14 jours. Application: Jésus était pur. Ex.12: 5, 6; Jn. 18:38
   3. L'agneau devait être égorgé. Ex.12 : 6
   4. Le sang devait être appliqué sur le linteau de chaque porte, signe du salut personnel. Jn. 3:16
   5. Ensuite, le sang constitue la seule protection contre l'ange exterminateur. Ex.12:. 13; He. 10:10, 14

6. On mange l'agneau avec des herbes amères, symbole des souffrances du Messie et l'on chante le Psaume 118. Il en résulte donc que la Pâque est une fête commémorative de la délivrance du peuple juif du joug de Pharaon. Ex.12 : 8.

II. La fête de Pâques des Chrétiens.
Mc. 14:12-25

1. Christ est notre Pâques. 1 Co. 5:7 Il nous la représente sous les espèces du pain et du vin, symbole de son corps meurtri et de son sang versé.
2. Jésus est mort une fois pour toutes pour la rédemption des pécheurs 1 Pi. 3:18
3. Le sang de Jésus-Christ, appliqué par la foi dans notre vie, nous purifie du péché, nous délivre de la condamnation éternelle et enlève à Satan tous ses droits sur nous. Ro.8:1; 1Jn.1:7
4. Le sang de Jésus Christ est notre « *carte d'identité* » spirituelle. Il confirme notre complète délivrance du péché et notre appartenance à lui seul. . Ro. 8: 9-11
5. L'herbe amère est le symbole des souffrances que nous acceptons d'endurer de plein gré, pour le nom de Jésus-Christ . 2 Ti. 3:12

Remarquez qu'il était demandé à l'Israélite de manger l'agneau avec les reins ceints, les souliers aux pieds et un bâton à la main. C'est le signe du chrétien prêt à servir. On ne peut avoir la vie de Christ en soi sans être prêt à servir. Ex.12:11

Conclusion
Ainsi croyants non baptisés, dépêchez-vous de vous engager à Christ par une alliance de sang en vue de le servir.

Questions

1. Quel est le but de la leçon ?
   Dégager la signification de la Pâque.

2. Comment fête t'on la Pâque juive?
   On égorge un agneau sans défaut
   On applique le sang sur le linteau de chaque porte
   On mange l'agneau avec des herbes amères en chantant le Psaume 118

3. Qui est notre Pâques? Jésus-Christ.

4. Que signifie le sang sur les linteaux des portes?
   C'est le signe du salut personnel.

5. Que signifie le sang de Christ dans notre vie ?
   Notre délivrance du péché et de la mort.

6. Quelle est la vertu du sang de Jésus-Christ?
   Le pardon des péchés, le salut du croyant.

7. Que veut dire l'herbe amère ici?
   Les souffrances que nous endurons à cause de Lui.

8. Que veut dire ici: " manger avec les reins seins, les souliers aux pieds, un bâton à la main?
   Le chrétien doit être prêt à servir le Seigneur.

Leçon 6
Les Sept Paroles De Jésus-Christ Sur La Croix

Textes pour la préparation : Lu.23 : 43, 46 ; Mc.15 ; 34, Jn.6 : 60-71 ; 19 : 4-6 ; 26-30 ; Ac.2 :27 ;1Ti.1 ;12-15
Texte à lire en classe : 1Ti.1 :12-15
Texte d'or : C'est l'Esprit qui vivifie ; la chair ne sert à rien. Les paroles que je vous ai dites son Esprit et vie. » **Jn.6 :63**
Méthodes : Discours, comparaisons, questions
But : Montrer comment Jésus était fidèle à sa mission jusqu'à la mort

Introduction

On prétend que les magiciens et les « baron-cimetières » connaissent et emploient ces paroles pour ressusciter les morts. Ce que nous savons, c'est que ces sept Paroles résument en un sens le caractère messianique de Jésus-Christ, l'essence de la mission de celui qui était venu chercher et sauver les perdus.

1. **Première parole**: Père, Pardonne-leur, car ils ne savent pas ce qu'ils font. Luc. 23:34.
   Les juifs maltraitaient celui qui est venu pour les sauver. Vraiment ils ne savaient pas ce qu'ils faisaient. Mais Pilate qui acceptait de condamner l'innocent, lui, il le savait. Il est donc coupable de lâcheté. Jn.19:4-6

2. **Deuxième parole**: Aujourd'hui, tu seras avec moi dans le paradis. Luc. 23:43
   Jusqu'à la dernière minute, Jésus sauve une âme. Elle va au paradis le même jour car Christ est allé au paradis le même jour. Le corps reste dans la tombe mais l'esprit va au Père. Luc. 23:46.

3. **Troisième parole**: Femme voilà ton Fils. Jn. 19:26-27
   Voilà est une préposition employée pour désigner l'objet le plus éloigné. Il signifie un résultat: Marie, vous attendez à avoir un fils comme votre Sécurité Sociale ? Détrompez-vous. Sa mission va plus loin que cela: la mort pour le salut des pécheurs.

4. **Quatrième parole**: Mon Dieu, mon Dieu, pourquoi m'as-tu abandonné? Mc. 15:34
   Tandis que les ténèbres couvrirent la terre, Jésus criait au Père. Mais si Dieu à ce moment-là voyait le salut de Son Fils, il causerait du coup ma perte. Car ce sont mes péchés qui couvraient Jésus ; son Père ne pouvait donc le voir.

5. **Cinquième parole**: J'ai soif. Jn. 19:28
   La dernière fois qu'il a bu était à la cène, au moment de l'arrestation. Soit environ 18 heures sans boire. L'angoisse de la mort augmentait aussi sa soif.

6. **Sixième parole**: Tout est accompli. Jn. 19:30
   Il était venu non pour abolir mais pour accomplir ce qui était dit de lui dans l'Ancien Testament. Mt. 5:18

7. **Septième parole**: Père, reçois mon esprit. Lu. 23:46 ; Ac.2:27
   Ici, c'est la mort ou le corps est séparé de l'âme et de l'Esprit. L'Esprit est monté au paradis. Il reviendra ressusciter le corps après trois jours, parce que Jésus est la résurrection et la vie. Le corps ne verra point la corruption à la différence de Mahomet, Confucius, Bouddha qui sont encore dans la tombe comme tous les mortels dans l'attente de la résurrection.

Conclusion

Les dernières paroles du juste sont sublimes. Souhaitons de vivre et de mourir comme un juste.

Questions

1- Pourquoi a t-il pardonné à ses malfaiteurs?
Parce qu'ils ne savaient pas que Jésus était le Messie.

2- Où est le paradis ? Là où Jésus habite.

3- Que veut dire " femme, voilà ton fils"
Voilà le résultat de ma mission.

4- Pourquoi Dieu l'avait-il abandonné?
Parce qu'il était l'agneau désigné pour le sacrifice.

5- Comment admettre que celui qui a fait l'eau ait soif?
Il avait aussi une nature humaine.

6- Que veut dire "Tout est accompli "?
Ma mission est achevée. Le plan de salut est assuré.

7- Que veut dire ici "Père reçois mon esprit . Il est mort.

Leçon 7
La Résurrection De Jésus-Christ Et Ses Résultats

Textes pour la préparation: Es.6 :2 ; Ez.10 : 20-21; Mt. 18:15-20; Mc.16 : 17-18 ; Ro.8 :34 ; 1Co. 15 :1-58 ; Ph. 2 :9 ; Col. 1:1-23 ; 2 :14-15
Texte à lire en classe: 1 Co. 15:12-19
Texte d'or: Mais grâces soient rendues à Dieu qui nous donne la victoire par notre Seigneur Jésus-Christ. 1 Co. 15:57
Méthodes: histoires, comparaisons, questions
But: Montrer les profits du chrétien à cause de la résurrection de Jésus Christ d'entre les morts.

Introduction
La Résurrection de Jésus-Christ, un fait sans précédent! Combien de commentaires at-elle suscitée? Que signifie-t-il en somme?

I. Pour Jésus-Christ.
1. Il est déclaré Fils de Dieu avec puissance. Ro. 1:4
2. Il est déclaré le premier-né d'entre les morts. Col. 1:18
3. Il est souverainement élevé: Roi de rois. Ph. 2:9
4. Par conséquent: Tout genoux doit fléchir devant lui: Les anges, les archanges, les chérubins aux quatre ailes. Ez. 10:20-21, les séraphins aux six ailes Es. 6:2, Lucifer et tous les démons, les hommes grands et petits de toutes nations doivent reconnaître son autorité.

II. Pour les croyants.
1. Il a tout pouvoir et Il délègue à l'Eglise, son épouse, le même pouvoir pour lier et délier, c'est à dire pour décider en son nom. Mt. 18:18.

2. Il a livré Satan en spectacle en clouant sur le bois de la croix le péché qui nous condamnait. Satan n'a donc plus d'autorité sur nous. Col. 2:14-15
3. En lui désormais, nous avons le pardon de nos péchés et l'assurance de la vie éternelle. Col.1:13
   a. Il a vaincu le diable, le monde, le péché, la souffrance et la mort au profit de tous les croyants. 1Co.15: 55-58
f- Il est à la droite du Père et il intercède pour nous. Il promet d'être avec nous tous les jours, jusqu'à la fin du monde.
   Mt. 28:20; Ro. 8:34
g- Maintenant, Il nous envoie le Saint-Esprit avec le pouvoir de faire des miracles et de sauver des âmes en son nom. Mc 16:17-18

Conclusion

Puisque Christ est ressuscité, qu'il le soit dans notre vie, dans nos habitudes, dans notre sexe, dans nos relations, dans notre budget, dans nos habits, dans notre position pour que nous prêchions son message avec force pour le salut des âmes.

Questions

1. Quels sont les avantages de la résurrection pour Jésus-Christ?
   a. Il est déclaré Fils de Dieu avec puissance
   b. Il est le premier-né d'entre les morts
   c. Il est souverainement élevé.

2. Quels en sont les avantages pour les croyants?
   a. Il a tout pouvoir sur les puissance de Satan
   b. Ses péchés lui sont pardonnés
   c. Il a l'assurance de la vie éternelle.

3. Où exerçons-nous le pouvoir de lier et de délier?
   Au sein du comité de l' Eglise, dans les missions.

4. Qu'a fait Jésus pour avilir Satan?
   Il cloua nos péchés sur la croix.

5. Que peut maintenant espérer le croyant?
   a. Sa propre résurrection
   b. La présence constante de Christ,
   c. Le pouvoir de faire des miracles au nom de Jésus-Christ.

Leçon 8
Les Actes des apôtres, preuves de la résurrection de Jésus-Christ

Textes pour la préparation: Ac. Chap 1-7; 20:24; 1Co.9:16
Textes pour la classe: Ac.1:4-8
Texte d'or: Mais vous recevrez une puissance, le Saint-Esprit survenant sur vous et vous serez mes témoins à Jérusalem, dans toute la Judée, dans la Samarie et jusqu'aux extrémités de la terre. **Ac.1:8**
Méthodes: discours, comparaisons, questions.
But: Montrer la présence constante du Seigneur pour appuyer les actes des missionnaires à travers le temps et l'espace.

Introduction
Si l'on vous demande pourquoi vous croyez en Christ, vous répondrez bien sûr: c'est à cause des changements incontestables qu'il a opérés dans votre vie et dans la vie de gens que vous connaissez.

I. Changement dans la vie des apôtres:
1. Ils acceptèrent de rejeter l'idée d'un royaume terrestre. Vous vous rappelez que les disciples suivaient Jésus parce qu'ils espéraient la délivrance du joug romain et l'instauration du royaume d'Israël sur la terre. Dès la réception du Saint Esprit., cette idée était chassée de leur esprit. Act.1:7
2. Ils devinrent braves devant les persécutions et se réjouirent des souffrances endurées à cause du nom de Jésus-Christ Act.5: 40-43
3. Christ appuyait leur mission par des miracles extraordinaires: guérisons, partage volontaire de leurs biens. Act.3: 7-10 4: 32; 5: 12-16

4. Ils organisèrent l'Eglise naissante sur une base fraternelle. Act.2: 43-47
5. Ils organisèrent la première société missionnaire en éliminant tout préjugé de race et de couleur: Siméon était un noir de Nigeria, Barnabas un chypriote grec, Lucius un maghrébin de Cyrène, au Nord de l'Afrique et Manahen, quoique élevé à la cour d'Hérode, un des ennemis de Jésus, est maintenant un chrétien et un chef de mission ; Paul, à la fois juif et citoyen romain. Ac.4 :36 ;13 :2 ;22 :25
6. Ils ne se firent plus souci de leurs besoins personnels parce que Christ est devenu leur priorité. Ac.20 : 24 ; 1Co.9 :16

II. Résultats de ces changements.
1. Leurs persécutions favorisent des conversions massives.. Act. 4: 1-4
2. L'Eglise de Christ demeure inébranlable à travers les âges. Mt.16: 18; 28:20

Conclusion

Les premiers apôtres n'étaient pas puissants parce qu'ils avaient connu Jésus en chair, mais parce qu'ils obéissaient au Saint Esprit. Voulez-vous faire comme eux? Dans ce cas, le même Jésus est toujours là pour produire en vous et par vous les mêmes résultats.

Questions

1. Comment reconnaître l'œuvre du Saint-Esprit parmi les apôtres? Par leur amour réciproque, leur courage, l'œuvre missionnaire les miracles opérés par le Saint-Esprit.

2. Qui formaient la première société missionnaire? Paul, Barnabas, Simon, Manahen et Lucius.

3. Qu'est ce qui caractérisait l'Eglise primitive? La prière, la communion fraternelle, l'étude biblique, le partage de leurs biens entre eux.

4. Qui rendait puissant l'œuvre des apôtres? Le Saint-Esprit.

5. Qu'est-ce que Dieu attend de nous pour faire les mêmes choses? Notre obéissance au Saint-Esprit.

Leçon 9
Dix Missions De l'Eglise Dans Le Monde

Textes pour la préparation : Mt. 5 :13-16 ; 11 :28 ; 18 :21-22 ; 28; Mc.16 :1-20; Lu.9 :54-56 ; 19:1-10 ; Ac.4 :12 ; 1Co.6 :2-3 ; 2Co.5 :20 ;Ep.4 :11-12; 5 :23 ;
Texte à lire en classe: Mt.28:19-20
Texte d'or : Heureux les affligés car il seront consolés. **Mt.5:4**
Méthodes: comparaisons, questions
But: informer l'Eglise sur les dix grandes tâches qu'elle peut assumer

Introduction
Dieu a placé l'Eglise dans le monde comme son quartier général. Quelle est donc sa mission?

I. **Gérer**: elle est le gérant de Dieu.
   Elle représente les membres d'un corps dont Jésus est la tête. Elle doit utiliser tous ses dons pour le salut des âmes.. Lu.19:13; Eph.4:11-12; 5:23

II. **Influencer**: Elle est la lumière du monde.
   Jésus dit: vous êtes la lumière du monde: comme telle, l'Eglise doit combattre la corruption, se prononcer contre les abus des dirigeants, donner le bon exemple. Mt.5: 16

III. **Orienter**: Elle est la boussole du monde.
   L'Eglise est appelée à aider les familles par des conférences et des messages, des conseils pratiques pour les aider à rester dans le droit chemin. Elle est donc la référence suprême en matière de morale et de ressources spirituelles. Mt.5:16

IV. **Corriger** : l'Eglise est le sel de la terre. Mt.5:13
En tant que tel, Dieu l'a placée au milieu du monde pour corriger les maux de la société, pour se soulever contre les abus, et donner le bon goût de la vérité, de la vertu, de l'amour et de la justice.

V. **Instruire**: C'est le rôle des moniteurs, des professeurs. L'Eglise et l'Eglise seule connaît les choses de Dieu pour les révéler aux hommes. Ainsi la meilleure école est celle dirigée avec compétence par des chrétiens compétents et consacrés. C'est le meilleur moyen de combattre la drogue, le vol, le viol, la violence, la prostitution et les maux qui en découlent. Mt.28:19

VI. **Pardonner:** Elle devrait être la première à exercer la clémence et la tolérance Mt.18: 21-22
L'Eglise accueille tous les hommes avec leurs défauts, leurs opinions et les accepte par amour pour le Seigneur. Celui qui prêche la vengeance, « *le déchoucage* », le suicide personnel ou collectif, n'est pas animé par l'Esprit de Dieu, dit Jésus
Lu.9:54-56

VII. **Condamner:** L'Eglise est à la fois juge et conseillère. Mt. 18: 19; 1Cor.6: 2-3
L'Eglise se pourvoit d'hommes sages pour résoudre les conflits entre frères. D'accord avec l'Esprit de Dieu, elle prononce les jugements. Et Dieu l'approuve toujours. C'est d'ailleurs une classe préparatoire puisque nous aurons à juger le monde et les anges à la fin des temps.

VIII. **Réconcilier** : Elle est ambassadrice. 2Cor.5:20
L'Eglise est ministre plénipotentiaire de Dieu pour attirer les hommes à Dieu par l'expression de l'amour, par le support spirituel et matériel.
Mt.28 : 18-20 ; Ac.4:32

IX. **Chercher**: Elle est la messagère de Dieu.
Mt.11:28; 28:19; Mc. 16:15
Christ dit au pécheur: ***Venez à moi***. Mais il dit à l'Eglise "*allez partout*" Voilà notre mission.

X. **Sauver** : elle prêche le message du salut:
Mc.16: 16; Lu.19:10
C'était d'ailleurs le but que le Seigneur a formulé en disant qu'il est venu chercher et sauver ce qui était perdu. Nous n'avons pas de choix, Allons les sauver à tout prix.

Conclusion

Etes-vous dans l'Eglise? Allez et faites avec son pouvoir.

Questions

1. D'après la leçon, citez quatre rôles de l'Eglise
   Elle est éducatrice, conseillère, ambassadrice et juge.

2. Qui va juger le monde et les anges? L'Eglise

3. Quel grand rôle jouissent les gens sages de l'église?
   Ils cherchent à résoudre les conflits entre frères.

4. Quelle est d'après vous la meilleure école?
   Celle dirigée par des chrétiens compétents.

Leçon 10
Sept Phases De La Vie Chrétienne

Textes pour le moniteur: Jn. 5 :15 ; 12 :42 ; 13 : 5 -23 ; 15 : 2-4 ; 16 :33 ; Ro.10 :10-11 ; Ga. 2 :20; 2Ti.3:12
Texte à lire en classe: Jn.15: 1-8
Texte d'or: Je suis le cep, vous êtes les sarments. Celui qui demeure en moi et en qui je demeure porte beaucoup de fruit, car sans moi vous ne pouvez rien faire. **Jn.15:5**
Méthodes: comparaisons, questions
But: Présenter les étapes à franchir dans la vie chrétienne.

Introduction :
Le chrétien est un compagnon de Jésus. Les deux marchent ensemble. La route n'est pas facile mais elle est sûre. Voyons-en le parcours.

1. **Témoignage pour Jésus-Christ.**
   Jn.12: 42; Ro.10: 10-11
   Le chrétien doit dire en public ce que Christ est dans sa vie. On ne peut garder la bouche fermée si on le connaît vraiment.

2. **Purification par Jésus-Christ** Jn.13: 5-8
   Le lavement des pieds est le symbole du pardon exercé en faveur de son prochain. La Parole de Dieu nous purifie. Si nous avons cette Parole en nos cœurs, nous sommes lavés de la souillure du péché ; par conséquent, nous devons pardonner aux autres comme Dieu lui-même nous a pardonnés en Christ.

3. **Communion avec Christ.** Jn.13: 23
   Jean par exemple, était si intime à Jésus qu'il s'appuyait sur son sein.

4. **Vie dépouillée.** Jn.15: 2; Gal. 2:20
   Dieu nous éprouve en nous privant parfois de certains biens de la terre, en vue d'avoir en nous plus de logement et plus d'opportunité pour embellir notre vie spirituelle.

5. **Consolation en Jésus –Christ** Jn.16 :33
   La vie chrétienne est faite de souffrances, de privations, de luttes. Mais notre victoire est assurée d'avance. Christ dit: "tenez bon, j'ai vaincu le monde. Jn.16:33

6. **Consécration à Jésus-Christ** Jn.15: 4
   Christ ne nous dit pas de demeurer dans un groupe, dans une religion ou dans un problème, mais *en Lui*. Et nos œuvres doivent le prouver.
   Souffrances à cause de Jésus-Christ. Jn.15: 9
   Paul a dit en d'autres termes: la souffrance est le lot du chrétien. 2Tim.3:12

Conclusion

Est-ce un chemin facile? Non. Mais nous avons la victoire et l'espérance de la gloire parce que Jésus est le chemin. Suivons-le jusqu'au bout afin de régner avec lui.

Questions

1. Quel est le titre de la leçon ?
   Sept phases de la vie chrétienne

2. Où trouvons-nous de la force pour lutter et vaincre ?

3. Que peut faire la religion pour notre âme ? Rien

4. Qu'est ce qui nous purifie ? L'eau de la Parole

5. Peut-on concevoir un chrétien sans souffrance ?
   Non

6. Quelle est la meilleure position du chrétien ?
   S'appuyer sur Jésus comme Jean

7. Que signifie le « lavement des pieds » ?
   Le pardon à quiconque nous offense.

Leçon 11
Sept Progrès Dans La Vie Chrétienne

Textes pour la préparation: Jn.8: 31-36; Ro.8 :13 ; Phil.3:1-14; Col. 1. 1-11; 1Thess.4:9-10; 2Thess.1:3 ; Hé. 6: 1-11
Texte à lire en classe: 2Pi. 3: 17-18
Texte d'or: Mais croissez dans la grâce et dans la connaissance de notre Seigneur et Sauveur Jésus-Christ. A lui soit la gloire, maintenant et pour l'éternité. **2Pi.3 :18**
Méthodes : discours, comparaisons, questions
But: Montrer l'état spirituel d'un chrétien qui grandit dans la communion avec Dieu.

Introduction
L'enfant qui jouit d'une bonne santé connaît un développement normal dans son poids, dans sa taille et dans sa grosseur. Il a bon sommeil, bon appétit, bon sourire. L'enfant de Dieu obéit aux mêmes principes. Il doit aller de progrès en progrès dans sa relation avec Dieu. Pour cela il doit:
1. **Tendre vers la perfection.** Hé. 6:1
   Le chrétien abandonne graduellement ses mauvaises habitudes, les vestiges du vieil homme et progresse dans la doctrine, dans la prière et dans une vie de persévérance avec Dieu. Ro.8:13
2. **Courir pour remporter le prix.** Phil.3:13
   Le chrétien mène une vie active, une vie livrée au Seigneur.
3. **Aimer de plus en plus.** 1Th. 4:9-10
   Le chrétien aime grâce à l'Esprit de Dieu qui agit en lui. Celui qui vit dans le péché ne peut vraiment aimer.
4. **Abonder en espérance** He.6:11
   Le chrétien ne manque jamais d'occasion pour louer Dieu. Il vit au ciel tandis qu'il est encore sur la terre.

5. **Grandir en connaissance.** Col.1:10
   Le chrétien est une personne de recherche ; il doit connaître sa bible. Il fera toujours de son mieux pour participer à l'étude biblique, à l'Ecole du Dimanche et posera des questions pour son édification.
6. **Grandir dans la foi.** 2Th. 1:3
   Dans son expérience chrétienne, il ne voit pas le problème comme un malheur mais plutôt comme une nouvelle occasion d'exercer la foi et d'accepter la volonté de Dieu.
7. **Demeurer dans la Parole.** Jn.8:31
   Le chrétien doit comprendre que le salut des gens du temps de Noé ne dépendait pas de leur tempérament ou de leur savoir-faire, mais de leur obéissance à entrer dans l'arche. Demeurer dans la Parole ici veut dire " Faire confiance à Christ, éviter les fausses doctrines en vue d'être vraiment ses disciples.

Conclusion
Voilà la beauté de la vie chrétienne. Voulez- vous grandir dans la vie chrétienne?

Questions

1. Quel est le titre de la leçon? Sept progrès dans la vie chrétienne

2. Que veut dire ici "Perfection ? Une vie livrée à Dieu

3. Que veut dire ici courir? Persévérer

4. Comment grandir dans la foi?
   Accepter la volonté de Dieu même dans les épreuves

5. Comment demeurer dans la Parole?
   Eviter les fausses doctrines et obéir à Christ.

Leçon 12
Pierre, apôtre ou Pape?

Textes pour la préparation: Ex.17 :6 ; Mt.16: 17-23; 18:18; 1Pi.2: -6; Lu.22:24-26; Jn.20:21; Ga. 2:11-14; Ac. 8: 14-25; 15: 22-29; Ac.10; 1Co.4:9; 10:4; 1Pi.5 1
Texte à lire en classe: Mt. 16: 17-23
Texte d'or : Mt.16:18
Méthodes: histoire, questions
But : Montrer que l'Eglise est bâtie sur Christ et non sur Pierre ou un Pape.
Introduction: l'apôtre Pierre a été l'une des figures les plus notoires dans le collège apostolique. A cause de son courage et de son zèle dans la prédication après la mort du Seigneur, l'Eglise Catholique lui a conféré le titre de Pape avec le pouvoir de lier et de délier. Voyons ce qu'en dit la bible.

I- Pierre et Jésus-Christ   Math. 16:18

1. Jésus dit de Pierre: « tu es Pierre (en grec petros: caillou) et sur cette pierre (en grec Petra : rocher), je bâtirai mon Eglise ». 1Cor.10 :4
2. Paul confirme cette déclaration en disant: « nous sommes bâtis sur le fondement des apôtres et des prophètes et non sur Pierre, Christ lui-même étant la pierre angulaire ». Eph.2: 20
Il reconnaît aussi que Christ est le seul fondement. 1Cor.3:11
3. Pierre lui-même recommande Jésus comme la pierre vivante sur laquelle nous devons nous appuyer. 1Pi.2:4-6

4. Jésus n'a jamais accordé une supériorité à Pierre. Lu.22: 24-26. L'expression de Christ dans Jn.21: 15-17 était la réhabilitation du disciple après un crime de reniement.

II- Pierre et les autres apôtres Act.8:14

1. Si Pierre était pape, l'Eglise du Nouveau Testament ne l'a pas reconnu comme tel. Pourtant les apôtres ont envoyé Jean au même titre que Pierre pour aller et prêcher à Samarie. Ac .8 : 14
2. S'il était pape, pourquoi a-t-il refusé l'adoration ? Act.10: 24-26
3. S'il était pape, comment n'a t-il pas présidé au Concile de Jérusalem? Act.15: 22-29
4. S'il était pape, pourquoi la Bible a t'elle prévu un ministère plus grand à Paul qu'à Pierre? Elle déclare que Paul était l'apôtre des païens et Pierre des juifs. ? Gal 2: 8
5. Pierre lui-même se déclare au même titre que les autres apôtres parce que Christ leur confiait la même mission.1Pi.5 :1; Jn.20:21
6. Les papes se disaient infaillibles, tandis que Pierre était souvent réprimandé pour ses chutes. Ac.11:2; Ga.2:1-14

III- Pierre et les clés du ciel. Mt.18:18

1. L'Evangile est la clé du ciel. Jésus en est la porte. Jn.10:9
A la Pentecôte, Pierre a ouvert la porte de l'Evangile aux Juifs. Ac. 2: 38-42 Pierre et Jean ouvraient cette même porte aux Samaritains. Ac 8: 14-15 et Pierre seul ouvrait cette même porte à Corneille, un officier romain Act.10
2. Tous les chrétiens ont cette clé, savoir la prédication pour le salut des âmes. Ils ont donc le pouvoir de lier et de délier c'est-à-dire de décider de tout avec

l'assurance que Jésus va ratifier toute décision de l'Eglise, son épouse. Mt.16:19

IV- Pour l'histoire:
1. Pierre n'était jamais à Rome. Il n'y était pas en l'an 58 quand Paul écrivit aux Romains.
2. Paul était prisonnier à Rome en l'an 61 ; il a salué 28 chrétiens, le nom de Pierre manquait. Ro.16: 5-23
3. Dans sa deuxième épître à Timothée en l'an 67 Paul n'a pas mentionné le nom du prétendu pape. S'il était à Rome ce devrait être comme martyr quand il fut sacrifié la tête en bas.

Conclusion : Pierre n'a jamais été à Rome. Christ n'avait jamais prévu un quartier général terrestre où siégerait un mortel comme son représentant. Il n'a jamais encouragé un titre de noblesse parmi les disciples. Pourtant Dieu a fait de nous les apôtres les derniers des hommes et non des papes, voir souverain pontife. Vous serez mes témoins et non des papes. Comme Pierre, servons Dieu avec humilité. 1Cor.4:9

Questions

1- Qui était Pierre? Un apôtre comme les autres.
2- Était-il faillible? Oui, comme tous les hommes.
3- Que veut dire : les clés du royaume ?
  Le message de l'Evangile pour sauver les âmes.
4- A-t-il les clés du ciel? Oui, comme tous les chrétiens.
5- Qui est le chef suprême de l'Eglise? Jésus-Christ.
6- Pierre, était-il à Rome ? Non
7- Que veut dire "lier et délier"? Pouvoir de décider
8- Les chrétiens ont-ils ce pouvoir? Oui. 1Cor.6:2.

Récapitulation des versets

Leçons Titres   **Versets**

Leçon 1 Le Christianisme, effort de Dieu pour sauver l'homme
Car c'est par la grâce que vous êtes sauvés, par le moyen de la foi. Et cela ne vient pas de vous, c'est un don de Dieu.
                                                            Eph.2 : 8

Leçon 2 La croix, planche de salut pour tous les hommes
Puis, il dit à tous : Si quelqu'un veut venir après moi, qu'il renonce à lui-même, qu'il se charge chaque jour de sa croix et qu'il me suive.   Lu.9 : 23

Leçon 3 La passion : définir les souffrances du Seigneur
Si toi aussi, au moins en ce jour qui t'est donné, tu connaissais les choses qui appartiennent à ta paix ! Mais maintenant elles sont cachées à tes yeux.   Lu.19 :42

Leçon 4 L'effet de la grâce en Jésus-Christ
Car la Loi a été donnée par Moïse, la grâce et la vérité sont venues par Jésus-Christ.   Jn.1 : 17

Leçon 5 La Pâque juive et la Pâques des chrétiens
Ensuite il prit du pain ; et, après avoir rendu grâces, il le rompit et le leur donna en disant : ceci est mon corps qui est donné pour vous ; faites ceci en mémoire de moi.   Lu.22 : 19

Leçon 6 Les sept paroles de Jésus-Christ sur la croix.
C'est l'Esprit qui vivifie, : la chair ne sert de rien. Les paroles que je vous ai dites sont Esprit et vie.   Jn.6 :6

Leçon 7 **La résurrection de Jésus-Christ et ses résultats**
Mais grâces soient rendues à Dieu qui nous donne la victoire par notre Seigneur Jésus-Christ ! 1Co.15 : 57

Leçon 8 **Les Actes des apôtres, preuves de la résurrection de Jésus-Christ.**
Mais vous recevrez une puissance, le Saint Esprit survenant sur vous, et vous serez mes témoins à Jérusalem, dans toute la Judée, dans la Samarie et jusqu'aux extrémités de la terre.
Ac.1 : 8

Leçon 9 **Dix missions de l'Eglise dans le monde.**
Vous êtes la lumière du monde ; une ville située sur montagne ne peut être cachée. Mt.5 : 14

Leçon 10 **Sept phases de la vie chrétienne**
Je suis le cep, vous êtes les sarments. Celui qui demeure en moi et en qui je demeure porte beaucoup de fruits, car sans moi vous ne pouvez rien faire. Jn.15 : 5

Leçon 11 **Sept progrès dans la vie chrétienne**
Mais croissez dans la grâce et dans la connaissance de notre Seigneur et Sauveur Jésus-Christ. A lui soit la gloire, maintenant et pour l'éternité. 2Pi.3: 18

Leçon 12 **Pierre apôtre ou Pape ?**
Et moi, je te dis que tu es Pierre et que sur cette pierre je bâtirai mon Eglise, et les portes du séjours des morts ne prévaudront point contre elle. Mt.16 :18

Deuxième Série

NEHEMIE

Avant-propos
Nous sommes à la cour du roi Artaxerxès Longue-main, roi de Perse très connu pour ses sautes d'humeur et ses ardentes colères. Néhémie, un rescapé de la noblesse juive servait d'échanson à la table du monarque au moment où il apprenait de son frère Hanani, la démolition des murailles de Jérusalem, la ville de Dieu. Ce livre va nous apprendre les démarches du patriote auprès du roi pour la sauvegarde des intérêts de sa nation. Accompagnons-le.

Leçon 1
Néhémie, Un Leader Religieux

Textes pour la préparation:
Né. 1:1-11 à chap. 2:1-9 ; 7 : 13:4-7
Texte à lire en classe: Né. 1:4-11
Texte d'or : Donne aujourd'hui du succès à ton serviteur et fais-lui trouver grâce devant cet homme. **Né. 1:11b**
Méthodes: Discours, comparaisons, questions
But: Montrer la foi du leader en temps de crise.

Introduction
Chrétiens, leaders, êtes-vous en face d'un problème majeur sans solution ? Alors, écoutez Néhémie.

I. **Son identité.** Né 1 : 2 ; 7 :6-7
Un juif de la tribu de Juda qui a évolué dans la captivité babylonienne sous l'empire du roi Artaxerxès Longue-Main. Né 1:2; 7 :6-7 Il parlait donc l'hébreu et la langue babylonienne.

II. **Sa position.** Né. 1 : 1, 11 ; 2 :1-2
 1. Echanson du roi : il devait goûter des mets et des boissons avant de les lui servir. A ce moment, son visage devait être souriant pour dissiper chez le roi tout doute sur la pureté du breuvage. Autrement sa perte était certaine. Né 1 : 1,11 ; 2:2
 2. Il vivait dans le grand palais d'hiver du roi à Suse la capitale de la Perse, parce que le roi craignait les complots et l'assassinat. Il y demeurait solitaire et devait rechercher la présence d'un homme sage, discret

et compétent. Néhémie jouait donc le rôle de Premier ministre et de maître de cérémonie.

III. **Son souci.** Né. 1:1,3,7 ; 2 :1
1. Il apprit de son frère Hanani que Jérusalem était sans murailles de protection. Il passa donc quatre mois en prière (Kislev – Nisan mis pour Décembre à Avril dans le calendrier julien) pour implorer la miséricorde de Dieu sur son peuple. Né.1:6.
2. Il s'associe d'intention à son peuple pour déplorer les fautes du passé et implorer le pardon de Dieu. Né.1: 7
3. Lorsque le roi lui dit "que veux-tu?" Il pria Dieu avant de lui répondre. Né.2:4

IV. **Ses démarches :** Il sollicite du roi :
1. Un passeport avec visa multiple. Il va passer douze ans à Jérusalem! Né. 1:1; 2:7-9 ; 13:6
2. Une carte de crédit du roi pour pourvoir aux matériaux nécessaires et à son entretien personnel Né. 2:8
3. Des agents de sécurité appelés ici chef de l'armée et des cavaliers. Né.2:9

Conclusion
La réponse n'est ni dans les pleurs, ni dans les torts jetés sur les autres, mais dans la prière et l'action. Faites donc comme Néhémie. Jésus est là!

Questions

1. Qui était Néhémie? Un Juif en captivité à Babylone.

2. Quelle était sa fonction? Echanson, Premier ministre

3. Quel était son souci? La reconstruction des murailles de Jérusalem.

4. Combien de temps pria t-il pour ce projet? Quatre mois.

5. Que fit-il quand le roi lui dit: Que veux-tu? Il pria.

6. Que demanda-t-il au roi?
   Un visa multiple, des lettres de recommandation, une carte de crédit du roi, des agents de sécurité.

7. D'où lui vient son succès? De Dieu.

Leçon 2
Néhémie, Un Leader Patriote

Textes pour la préparation: Né. Chap. 1 et 2
Texte à lire en classe: Né. 2:17-20
Texte d'or: Né. 2:18b *"levons-nous et bâtissons!"*
.**Méthodes:** discours, histoire, questions.
But: Montrer comment Néhémie conscientise le peuple

Introduction
Néhémie vient à peine d'arriver à Jérusalem après des années d'absence. Comment va-t-il renouer connaissance avec son peuple et animer son zèle? Suivons-le de très près.

I. **Ses démarches administratives.** Né.2 :9
   Il remet aux gouverneurs ses lettres de créance. Ainsi il a eu accès à tous les privilèges que ces lettres confèrent. Le cas serait différent avec un « décollage », un voyage clandestin ou une révolte à main armée.

II. **Son plan d'action.**
   1. Il passa trois jours à Jérusalem pour établir les contacts personnels, et la répartition des ouvriers. Né.2 :11
   2. Il resta très discret sur le but de son voyage. Né. 2:12, 16
   3. Il mesura de ses yeux l'étendue de l'ouvrage par une visite de nuit autour de Jérusalem. Ainsi il évita d'éveiller les soupçons. Compliment à Néhémie! Né.2:12-15
   4. Il fut ainsi plus conscient du sort malheureux des juifs. Né. 2:17

III. **Il motiva le peuple.**
 1. En attirant son attention sur le problème. v. 17
 2. En lui faisant savoir les bonnes dispositions du roi et les atouts dont il disposait. Et puisque son exposé était clair, il évita des questions et des discussions inutiles. v. 18
 3. A son invitation "venez, rebâtissons..." Le peuple répondit: "Levons-nous et bâtissons." 2: 17-18b
 4. Vous verrez que l'intimidation des ennemis ne fera qu'enflammer leur zèle pour leur pays. Cf. 19-20

Conclusion: Voyez l'esprit de ce serviteur! Plus il parle à Dieu, plus son problème devient petit à ses yeux. Et bientôt il va entamer la construction. Voulez-vous mettre la main avec lui?

Questions

1. Que fit Néhémie dès son arrivée?
   Il remit ses lettres de créance au gouverneur.

2. D'après vous qu'est ce qu'il fit les trois jours suivant?
   Il contacta les leaders positifs. Il présida à la répartition de la tâche à la muraille.

3. Pourquoi fit-il de nuit le périmètre de la ville?
   Pour éviter les soupçons et ne pas avorter son plan.

4. Comment gagna-t-il le peuple à sa cause?
   Par la motivation directe

5. Comment réagit-il face à l'opposition?
   Par une réplique en évoquant d'abord le nom de Dieu

Leçon 3
Néhémie et sa stratégie de travail

Textes pour la préparation: Né. 3:1-22; 1 Cor. 15
Texte à lire en classe: Né. 3:1-5
Texte d'or: Ainsi mes frères bien-aimés, soyez fermes inébranlables, travaillant de mieux en mieux à l'œuvre du Seigneur, sachant que votre travail ne sera pas vain dans le Seigneur.1Cor. 15:58
Méthodes: discours, comparaisons, questions
But: montrer comment la motivation dispose le peuple au travail.

Introduction
Néhémie vient de former ses équipes. En fais-tu partie? Sinon, voyez au moins comment il les distribue.

I. Distributions.
1. **Par compétence.** Certains devaient travailler à la construction, d'autres aux réparations.
Né. 3:2, 9, 11, 27

2. **Par différence:** Des hommes différents, par l'origine ou par la préparation travaillent ensemble à la muraille:
   a. Des hommes d' Eglise. Né. 3:1, 17
   b. Des parfumeurs et des orfèvres. 3:8
   c. Des militaires. 3:7
   d. Des autorités civiles. 3:9
   e. Des volontaires sans qualification spéciale. Né. 3:10

II. **Par provenance:**
Il met ensemble les gens de même milieu pour faciliter la communication et garder le bon moral.
1. Les hommes de Jéricho. 3:2
2. Les Tékoites. v. 5
3. Les Gabaonites 3:7
4. Les Néthiniens v.26
5. Les Lévites, les Sacrificateurs 3:17, 22
6. Les hommes d'affaires (orfèvres et marchands) Né.3 :. 32

III. **Par quartiers:** Cette méthode leur évite des frais de transport, de nourriture et donne à chacun l'occasion de défendre sa famille, si besoin est. Né. 3:21-23, 28-30 Par-dessus tout, il délègue des pouvoirs aux chefs d'équipe. Ex: Eliaschib v. 2, Jojada v. 6, Hanun Né.3 : 13

IV. **Félicitations aux travailleurs.**
1. Néhémie accorda une appréciation publique et graduelle à leurs efforts.
Né.3:11, 19-21, 24, 27, 30
2. Les chefs de Tékoa s'opposèrent au travail de Néhémie ;
Cependant les Tékoites firent malgré tout un travail excellent d'après Néhémie.
Né. 3:5 et 27

Ainsi Néhémie fit l'œuvre d'un spécialiste du travail et d'un expert en relations humaines. Etes-vous du côté des chefs de Tékoa, des leaders négatifs pour contrarier la construction? Comme les tékoites, obéissez plutôt à votre pasteur, car lui, il obéit à Dieu.

Conclusion

La construction va commencer. Venez avec ou sans expérience. Mais venez avec votre cœur.

Questions

1. Comment Néhémie fit il les répartitions?
   Par compétence, par référence, par provenance, par quartier.

2. Comment maintient-il leur zèle?
   Il les félicite

3. Comment a-t-il combattu l'esprit négatif des leaders de Tékoa?
   Par la prière et le tact

4. Comment qualifier Néhémie?
   Spécialiste en travail et en relations humaines.

Leçon 4
Néhémie et les dix portes d'accès a la muraille.

Textes pour la préparation: Né. chap. 3; Mt.25: 34-36 ; Jn.4 ; 35 ; 2Pi.3 : 18
Texte à lire en classe : Né.3: 1-3
Texte d'or: Je suis la porte. Si quelqu'un entre par moi, il sera sauvé ; il entrera et il sortira, et il trouvera des pâturages. **Jn.10:9**
Méthodes: comparaisons, questions
But: présenter les façades de la vie chrétienne que nous devons soigner et surveiller.

Introduction : La muraille qui entourait Jérusalem était bien large. Elle avait 10 portes d'accès. Voyons ce qu'elles signifient dans la vie du chrétien.

I. **Première porte**: La porte des brebis : c'est Jésus lui-même. Né. 3:1
Le souverain Sacrificateur Eliaschib et d'autres sacrificateurs bâtirent cette porte. Jésus dit: je suis la porte des brebis. Jn.10:9 Les pasteurs assistés des leaders de l'Eglise ont pour devoir de bâtir la porte des brebis, c'est-à-dire de former les fidèles de l'Eglise pour éviter leur dispersion.

II. **Deuxième porte** : La porte des poissons ou de l'évangélisation Né. 3:.3 ; Jn.4 :35
Les fils de Senaa la bâtirent. Ils nous rappellent Pierre, Jacques et Jean qui jetèrent leur filet pour ramasser des poissons. Dieu nous demande d'évangéliser pour faire entrer des âmes au bercail de Jésus-Christ.

III. **Troisième porte** : la vieille porte. C'est la bible, la Parole de Dieu V.6
Jojada et Meshullam la réparèrent, la couvrirent. La porte est vieille mais elle est encore bonne. Nous devons obéir à la Parole. Malgré son ancienneté, elle est toujours nouvelle.

IV. **Quatrième porte** : la porte de la vallée ou la voie de l'humiliation du chrétien v.13
Hanun et les habitants de Zanoach la réparèrent. Le chrétien doit subir des humiliations pour sa formation. Autrement, il descendra dans la vallée de *l'angoisse et du désespoir.*

V. **Cinquième porte** : la porte du fumier : ou de la repentance et de la confession v.13
Malkija la répara. Remarquez que Hanun l'a ouverte à mille coudées de la porte de la vallée. Après notre repentance, nous devons nous éloigner de ce qui nous faisait tomber dans le péché pour ne pas recommencer.

VI. **Sixième porte** : la porte de la source ou du jeûne et de la prière. V.15
Schallun l'a répara et construisit une citerne pour conserver l'eau. La vie de jeûne et de prière est un réservoir de grâce spirituelle que le chrétien peut utiliser dans les jours difficiles.

VII. **Septième porte** : la porte des eaux ou de l'Evangile. V.26.
Le chrétien doit lire sa bible non seulement pour des sermons, mais pour rafraîchir son âme dans la grâce de Dieu. 2Pi.3 :18

VIII. Huitième porte La porte des chevaux ou de la préparation au combat. V.28 En ce temps-là les chevaux étaient équipés pour les batailles. Le chrétien doit être prêt au combat de la vie. Il doit même s'armer de toutes les armes de Dieu. Eph.6 : 10

IX. Neuvième porte : la porte de l'Orient ou de la louange.v.29 C'est là que les soldats avaient l'habitude d'emboucher leur trompette avant les batailles. Le chrétien doit avoir une attitude de louange en face des problèmes qu'il va confronter.

X. Dixième porte : la porte de Miphkad ou du rassemblement pour le jugement. V.31 C'est la porte du jugement à la venue de Jésus-Christ. Le chrétien doit savoir qu'il ne passera pas par cette porte. D'après Jn.3: 18 il sera parmi les bénis de mon Père, dit Jésus. Mt.25 :34

Conclusion :
Gardons nos portes car le malin cherchera nos points faibles pour nous envahir.

Questions

1. Que veut dire la porte des brebis ?
   Jésus-Christ.

2. Que veut dire la porte des poissons?
   L'Evangélisation.

3. Que veut dire La vieille porte ?
   La Parole de Dieu.

4. Que veut dire la porte de la vallée ?
   La voie de l'humiliation.

5. Que veut dire la porte du fumier ?
   La repentance et la confession.

6. Que veut dire la porte de la source ?
   Le jeûne et la prière.

7. Que veut dire la porte des eaux ?
   L'Evangile, source de grâce abondante.

8. Que veut dire la porte des chevaux ?
   Le chrétien prêt au combat.

9. Que veut dire la porte de l'Orient ?
   Le chrétien prêt à louer Dieu

10. Que veut dire la porte de Miphkad ?
    Le rassemblement pour le jugement.

Leçon 5
Néhémie Face A L'opposition

Textes pour la préparation: Jos.13 : 3; Né. Chap. 4 à 6; 2 Ch. 20:1

Texte à lire en classe: Né. 4:10-16

Texte d'or: Souvenez-vous du Seigneur grand et redoutable, et combattez pour vos frères, pour vos fils et vos filles, pour vos femmes et pour vos maisons. **Né. 4:14b**

But: montrer comment Néhémie vint à bout des opposants.

Méthodes: discours, comparaisons, questions, .

Introduction
Tout allait bien quand des adversaires puissants menacèrent de fermer le travail. Que fit Néhémie ? Voyons-le à l'œuvre.

I. **Néhémie face aux opposants.** 4:1-9
   1. Sanballat le Horonite, un chef samaritain. D'après lui, si Jérusalem est fortifiée, l'influence politique et commerciale dont jouissait Samarie, son pays natal, est compromise. Donc il faudra combattre le projet à tout prix.
   2. Tobija, l'Ammonite. Historiquement, ennemi juré des enfants d'Israël. Cf. 2 Ch. 20:1
   3. Les Arabes, frères consanguins d'Israël (issus d'Abraham et de sa servante Agar, l'Egyptienne.) Ils sont en lutte jusqu'à présent.
   4. Les Asdodiens ou Philistins, peuple belliqueux par nature. Jos.13 :3

II. **La nature des oppositions.** Né.4:8-9; 5:1-13; 6:1-14.
   1. La raillerie: Ils se moquent des ouvriers sans expériences dont le travail sera détruit sans grand effort. Né.4 :2

2. Le découragement au sein même des Juifs: les décombres sont considérables. C'est un fait normal d'ailleurs quand on est en train de construire. Né.4 :10
3. La cupidité des chefs: l'exigence de l'ouvrage oblige les Juifs à se négliger eux-mêmes. Les grands en profitent pour exploiter le peuple. Voilà qui est déconcertant. Né.5 :5
4. La ruse des ennemis: L'ouvrage était presque à sa fin quand ces opposants inventent un soulèvement de Néhémie contre le roi. Ils lui offrent de négocier une solution par la médiation d'un leader religieux. Né .6 : 12,14

III. Comment Néhémie gère l'opposition
1. A la raillerie, Néhémie oppose la prière du peuple et une force de pression jour et nuit. 4:9
2. Il exige de chaque famille de s'armer pour défendre les biens de Dieu et leurs biens personnels. Tenez ferme! Né. 4:14-15, 20, 22
3. Il blâme les chefs qui prêtent à intérêt à leurs frères; ceux-là promettent de faire restitution. 5:7, 11-13.
Il refuse de répondre à l' invitation des ennemis 6 :7-14

Conclusion
Quel lutteur! Quel champion! Quelle victoire!

Questions

1. Citez les opposants de Néhémie et dites pourquoi.
   Sanballat, Tobija, les Arabes, les asdodiens. Jérusalem deviendra une menace pour leur pays.

2. Comment répond-il à la raillerie?
   Par la prière et une garde vigilante

3. Comment répond-il aux menaces?
   Il enjoint aux leaders de défendre leurs familles et les intérêts de Dieu.

4. Comment réagit-il à la corruption des grands?
   Il leur reprocha le prêt à usure et leur ordonna de faire restitution.

5. Comment répond-il au complot dont on l'accuse contre le roi?
   Il se tient sur ses gardes.

6. D'où vient la force de Néhémie? Cochez la vraie réponse:
   Du roi __ De lui-même __De ses leaders __ De Dieu__

Leçon 6
Néhémie Et La Progression De L'œuvre

Textes pour la préparation: Né. chap. 4 à 6 ; 2R.25 :8-9
Texte à lire en classe: Né. 6:15-19
Texte d'or: Elles éprouvèrent une grande humiliation et reconnurent que l'œuvre s'était accomplie par la volonté de notre Dieu. **Né. 6:16b**
Méthodes: discours, comparaisons, questions
But: les épreuves acceptées avec le courage de la foi font de Dieu champion à l'avance.

Introduction
Plus nous avons d'adversaires, plus Dieu a occasion de montrer sa force et de se glorifier. Suivons avec passion ces scènes où Dieu sera sept fois vainqueur.

I. **Premier Tournoi:** La Dissuasion.
Né. 4:2, 2 Roi. 25:8-9
De la bouche des ennemis du dehors nous apprenons que la réfection de la muraille est un travail impossible depuis son incendie par le général babylonien Nébuzaradan.
Résultat: Le peuple prend à cœur le travail qui est achevé à moitié. L'ennemi est fâché et contre-attaque.
Né.4 : 7-8

II. **Deuxième Tournoi:** La critique négative.
Né. 4:10
Les ennemis du dedans, au lieu de voir la victoire à cinquante pour cent, ne voient que les fatras à cent pour cent. v. 10
Résultat: Néhémie les ignore et continue son travail.

III. **Troisième Tournoi:** Rumeur Accablante. v.11 Menace de destruction de l'ouvrage déjà réalisé. v.11. Résultat: Motivation des Juifs par Néhémie. Il les enjoignit de travailler avec une main et de garder l'arme prête à l'autre main pour se défendre au moment opportun. v.17. Dès lors l'ennemi met bas les armes.

IV. **Quatrième Tournoi:** Le Guet-apens (Piège). 6:2 Puisque la muraille est achevée et que les brèches sont colmatées, les ennemis proposent à Néhémie une négociation. Résultat: Néhémie refuse catégoriquement de répondre à leur rendez-vous. 6:3

V. **Cinquième Tournoi:** Intimidation. 6:6-8 L'ennemi accuse Néhémie de reconstruire la muraille dans le but de se révolter contre le roi. Résultat: Sanballat, tu es un menteur, réplique Néhémie; c'est le roi lui-même qui m'avait autorisé à la reconstruire. 6 :8

VI. **Sixième Tournoi:** Corruption des gens de l'Eglise payés pour donner des conseils à Néhémie. 6 :10-12 Résultat: La lumière de L'Esprit Saint suffit à Néhémie.

VII. **Septième Tournoi:** Le travail entier s'achève en cinquante -deux jours! Résultat: L'ennemi est vaincu. Il met « chapeau bas » devant L'Eternel, champion et ceinture noire. 6:16. Ainsi médisance, calomnie, méchanceté contre les enfants de Dieu, tout cela est une entreprise inutile. La prière et l'action seules tiennent jusqu'au bout comme les armes du chrétien. 6:18-19.

Conclusion

Si vous ne vous sentez pas le courage de lutter pour Dieu, taisez-vous jusqu'à la fin. Votre honte sera plus supportable.

Questions

1. Citez les 7 tournois de Satan contre Dieu. Donnez en les résultats.
   a. Premier tournoi, résultat : le peuple prend à cœur de travailler.
   b. Deuxième tournoi, résultat : Néhémie les ignore et continue son travail.
   c. Troisième tournoi, résultat : Néhémie motive le peuple avec succès.
   d. Quatrième tournoi, résultat : Néhémie refuse de négocier avec l'adversaire.
   e. Cinquième tournoi, résultat : Néhémie conteste la déclaration de l'ennemi.
   f. Sixième tournoi, résultat : Le Saint-Esprit prend la défense de Néhémie.
   g. Septième tournoi, résultat : Le travail est achevé en 52 jours !

2. Citez deux armes meurtrières contre le diable.
   La prière et l'action.

3. Que faire si on ne veut pas travailler avec Dieu?
   Garder le silence jusqu'à la fin.

Leçon 7
Néhémie Et Son Mode De Gouvernement

Textes pour la préparation: No.18 :20-25 ; Né. Chap. 7
Texte à lire en classe: Né. 7:1-4
Texte d'or: Lorsque la muraille fut rebâtie et que j'eus posé les battants des portes, on établit dans leur fonction les portiers les chantres et les lévites. **Né. 7:1**
Méthodes: discours, comparaisons, questions, discussion
But: montrer qu'après la victoire, il faut la structure.

Introduction : Savoir vaincre est une chose, savoir maintenir la victoire en est une autre. Néhémie est bien doué pour les deux. Que mit-il en place?

I. **Un service de Sécurité.** 7:2-3
   1. On donne le couvre-feu à la tombée du jour et on le lève au lever du soleil pour éviter toute infiltration. Hanani, frère de Néhémie, militaire sérieux, en est chargé.
   2. Chaque famille constitue une brigade de vigilance. 7:3b

II. **Un service d'immigration.** 7:5-6
   Néhémie révisait les registres des Juifs de la diaspora qui revenaient avec Zorobabel.
   1. Pour évaluer les ressources humaines après l'exil.
   2. Pour détecter aussi les illégaux. Pour cela il les classa.
      a. D'après leur lieu de naissance. 7:6
      b. D'après leurs anciennes demeures. 7:6-37
      c. D'après leurs fonctions. ex: Sacrificateurs (pasteurs) 7:39; Lévites (Diacres) 7:43; Membres des chorales v.44 ; Portiers (huissiers) v.45; Néthiniens (aujourd'hui des sous-Diacres) v. 46-56

3. Il trouva des religieux illégaux et les mit l'écart pour enquêter sur leur généalogie et leur témoignage. 7: 63-64, De nos jours l'officier d'Immigration aurait exigé des pièces d'identification pour éviter les documents faux, les « *décollages.* »

III. **Enregistrement de la classe privilégiée.**
Un registre est consacré seulement aux serviteurs du roi Salomon, c'est-à-dire des gens qui connaissent les règles de l'étiquette, des gens formés pour les services de protocole. 7:57-59

IV. **La fondation de la banque.**
Il engage le peuple à contribuer pour constituer des fonds de départ auxquels nul n'a droit. Sans nul doute, des fonds de roulement pour payer les salaires et des fonds pour l'entretien de la muraille. 7:68-72

V. **Les personnes exonérées.** Né. 7:73
Les personnes imposables étaient: Le gouverneur, les chefs de famille, le peuple Né.7 : 70-72.
Mais les religieux étaient exempts de payer les taxes . No. 18:20, 25 ; Né.7: 73

Conclusion
Quelle sage disposition de gouvernement !

Questions

1. Que fait Néhémie pour assurer la sécurité de la ville?
   Il décrète le couvre-feu aux heures appropriées
   Il fait de chaque famille une brigade de vigilance

2. Que fait-il au départ pour recenser les vrais Juifs?
   Il organisa un service d'Immigration

3. Pourquoi tant de prudence?
   a. Pour évaluer les ressources humaines
   b. Pour détecter les illégaux

4. Qu'entendons-nous ici par classe privilégiée?
   Les gens formés à la cour du roi Salomon

5. Quel est le but de l'offrande généreuse ici?
   Pour ouvrir une banque.

6. Qui est exempt de payer des taxes et pourquoi?
   Les religieux. Ils sont exempts de par l'Eternel

Leçon 8
Néhémie Et Le Réveil Spirituel Du Peuple

Textes pour la préparation: Né. 7:73 a chap. 8; De. 12: 7, 12, 18

Texte à lire en classe: Né. 8:1-6

Texte d'or: Esdras ouvrit le Livre à la vue de tout le peule ; car il était élevé au-dessus de tout le peuple ; et lorsqu'il l'eut ouvert, tout le peuple se tint en place. Né. 8:5

Méthodes: discours, comparaisons, questions, Histoire

But: présenter le réveil comme fruit de la conscientisation.

Introduction

Une structure mise en place est un bon signe de continuité. Mais où trouver le secret de la bonne continuité? Certes dans la conscientisation même du peuple. Ça vous étonne? Voyons.

I. Conscientisation du peuple. Esd. 7:6; Né. 7:73 a 8:1, 5, 7

1. Les murailles de Jérusalem une fois restaurées, le peuple retourne, chacun dans sa ville. Mais un besoin pesait sur son cœur: la présence de Dieu. Il s'assembla comme un seul homme sur une place publique à Jérusalem et demanda au scribe Esdras de leur lire la Bible. Né. 8:1
2. Esdras leur fait cette lecture pendant six heures de temps d'affilé. Hommes et femmes debout restaient en place et écoutaient.
3. Les leaders, treize au total, donnaient l'exemple. 8:4.
4. Esdras dominait l'auditoire parce qu'il était sur une estrade mais il dominait les consciences par l'exposition de la Parole. v. 5

5. Le peuple levaient les mains vers Dieu. C'était chez les Juifs une tradition pour dire: Seigneur, j'ai les mains vides. Je n'ai rien. Tout ce dont j'ai besoin vient de toi. Né.8:6
6. Remarquez qu'ils viennent de l'exil. Il faut à plusieurs des interprètes parce qu'ils oubliaient l'hébreu ou ne le parlaient pas du tout. Des interprètes aidaient Esdras à se faire entendre et comprendre de son vaste auditoire. Tous les obstacles étaient vaincus parce que le peuple avait soif d'entendre la parole de Dieu. Né. 8 3, 7-8

II. **Effet sur sa conscience.** v. 9-12
1. Une réaction naturelle: Le peuple pleurait de repentance. Né.8 :9
   Ils fêtent leur *"Thanksgiving"* à l'Eternel en se réjouissant sainement avec leurs amis et leurs voisins. v. 12

III. **Effet sur sa volonté.** 13-18
1. Décision de célébrer la fête des tentes pour se rappeler de la vie nomade au désert après la sortie d'Egypte v.16
2. Les tentes furent construites en un rien de temps v. 16
3. Célébration de cette fête pendant 8 jours v. 18.
4. Exaltation de la Parole v. 18.

Conclusion

Voyez-vous le beau résultat quand un peuple exprime une sainte revendication? Qu'attendez- vous pour en faire autant ?

Questions

1. Qui demanda la convocation et pourquoi??
   Le peuple. Il avait soif d'entendre la Parole de Dieu

2. Où fut-il rassemblé? A Jérusalem

3. Qui leur lut la parole? Esdras, un scribe

4. Combien de temps était-il à l'écouter? Six heures de temps.

5- Dans quelle attitude? Debout, en plein air

6. Quel en était l'effet? Repentance, sainte réjouissance

7. Comment s'appelait cette fête? La fête des tentes.

Leçon 9
Néhémie Et La Sanctification Du Peuple

Textes pour la préparation: Né. 9 et 10; De. 15:1-2
Texte à lire en classe: Né. 9:1-3
Texte d'or: Ceux qui étaient de la race d'Israël, s'étant séparés de tous les étrangers, se présentèrent et confessèrent leurs péchés et leurs iniquités de leurs pères. **Né. 9:2**
Méthodes: Discours, comparaisons, questions
.But: Montrer les résultats positifs d'une vie sanctifiée

Introduction
Aviez-vous suivi cette grande célébration de la Parole, il y a de cela 16 jours? Voici maintenant les Juifs qui ouvrent un service de jeûne pour la première fois depuis 70 ans.

I. **Dépouillement du peuple.** 9:1-2
   1. Ils se revêtent de sac en signe d'humiliation et se couvrent de poussière en signe de chagrin . Né. 9 :1
   2. Ceux qui étaient dans les liens de mariage mixte rompent ces liens et confessent leurs péchés. 9 :2
   3. Ils finissent par reconnaître la cause de leur défaite à la lumière de la Bible et promettent de se repentir. 9 :3 ; 10 :29-35

II. **Initiative des lévites.**
   Les Lévites invitent le peuple à louer Dieu et ils retracent son histoire jusqu'au jour de son occupation par les peuples conquérants. 9:36

III. Résultat du Jeûne
Un contrat avec Dieu aux termes duquel il jurait:
1. De mettre la parole de Dieu en pratique 10:29
2. D'interdire toutes transactions le jour du Sabbat v. 31.
3. De prohiber tout mariage mixte v. 30
4. De ne pas poursuivre leurs débiteurs à chaque période de sept ans. V.31 ; Deut.15:1-2
5. De contribuer en nature et en espèces pour l'entretien du temple et de ses employés v. 38

Confirmation de ces résultats.
La décision est écrite et signée d'abord par les leaders: Néhémie comme gouverneur et tous les chefs civils et religieux ensuite. 9:38.

Conclusion
Votre sanctification est pour vous. Agissez. Jeûnez et priez. Le profit est pour vous et le bien-être pour l'Eglise.

Questions

1. Qui décréta le jeûne?
   Le peuple

2. Quelle était leur tenue?
   Le sac et la poussière Humiliation et chagrin

3. Quel était leur plus grande faute?
   Le mariage avec des gens d'autres races contrairement à leur éthique religieuse.

4. Comment s'en dégagent-ils?
   Par leur renvoi.

5. Que firent les lévites?
   Ils louent Dieu et confessent leurs péchés

6. Quelles furent les décisions du peuple?
   Ils décidèrent
   a. De mettre la Parole de Dieu en pratique
   b. D'observer le sabbat
   c. De prohiber tout mariage mixte
   d. De relâcher les débiteurs après chaque période de sept ans
   e. De contribuer pour tous les besoins de temple et du personnel

7. Qui approuvent ces décisions?
   Tous les chefs du peuple

Leçon 10
Néhémie Et Le Repeuplement De Jérusalem

Textes pour la préparation: Esd. 4:7-24; Né. 7:4; 11:1-18
Texte à lire en classe: Né. 11:1-4
Texte d'or: Le peuple bénit tous ceux qui consentirent volontairement à résider à Jérusalem. Né. 11:2
Méthodes: discours, comparaisons, questions
But: montrer la valeur d'une communauté où l'on compte de braves gens.

Introduction
Le temple est reconstruit sous Esdras. La muraille avec Nehémie. Tous vont regagner leurs villes. Mais qui va repeupler Jérusalem? Le silence? ...Que fit Néhémie?

I. **Un tirage au sort.** 11:1
   Il choisit d'abord l'élite d'Israël. Puis un membre de chaque famille. Ainsi leurs parents iront souvent visiter la capitale pour créer une attraction touristique. v. 3
II- **Le consentement volontaire.** V. 2
   1- Le peuple bénit ceux qui se décident à l'habiter. Raisons:
   a. La ville est grande, peu peuplée, peu bâtie, sans défense; accepter de l' habiter c'est risquer sa vie. 7:4
   b. Jérusalem est réputée pour sa rébellion. Elle sera toujours sujette aux répressions des ennemis. Esd. 4:15, 19
   c. Tous les peuples conquérants (Mèdes, Perses, Babyloniens au Proche et l'Extrême-Orient, Romains, Grecs en Europe doivent obligatoirement passer par Jérusalem pour faire la conquête du monde). Ainsi les habitants de Jérusalem seront toujours exposés à la guerre.

d. Jérusalem étant la ville sainte, la cité de Dieu, exigera de ses habitants une vie d'exemple. Il leur faudra une éthique, un protocole plus austère. V.1

e. La vie en ville est plus chère à cause du transport, des taxes plus élevées pour maintenir les bureaux du gouvernement. Ainsi le peuple les bénit pour leur bravoure, leur patriotisme, leur consécration à la cause de Dieu et leur esprit de sacrifice. Né.11 :2

III. Dénombrement des volontaires. 3-19
1. Sacrificateurs, Lévites, soldats, chantres, gardiens, en tout 3,044 âmes pour repeupler Jérusalem. Remarquez la mention spéciale affectée à certains: Le sacrificateur Seraja, Prince de la maison de Dieu 11:11; Les fils de Pérets: Vaillants hommes 11:6; Schabbethai et Jozabad, Ministre des Cultes et des Relations Extérieures de Dieu 1:16; Mattahania, le maître de cérémonie v. 17. Voilà en résumé les biens moraux, spirituels et économiques de la ville de Dieu

Conclusion
Qui de vous va s'engager comme eux à risquer sa vie pour l'Eglise, la maison de Dieu?

Questions

1. Que fit Néhémie pour repeupler Jérusalem?
   Un tirage au sort

2. Qui choisit-il commencer ?
   Les leaders

3. Qui viennent ensuite après eux?
   Des volontaires

4. Pourquoi le peuple les bénit-il?
   a. Parce qu'ils acceptent le sacrifices d'occuper une ville peu bâtie, peu peuplée et sans défense
   b. Parce que Jérusalem est réputée pour sa rébellion et est sujette aux répressions de l'ennemi
   c. Parce que Jérusalem est le point stratégique pour tous les grands conquérants.
   d. Parce que la vie dans la ville Sainte exige une vie chrétienne plus austère
   e. Parce que la vie en ville est plus chère à cause des transports, des taxes plus élevées pour soutenir les bureaux du gouvernement.

5. Quel était le nombre de gens recensés pour habiter la ville?
   3,044

6. Citez des gens de renom
   Le sacrificateur Seraja : prince cde la maison de Dieu
   Les fils de Pérets : vaillants hommes
   Schabbethai et Jozabad : Ministres Des Cultes Et Des Relations Extérieures
   Mattahania : Maitre de cérémonie, chef de protocole

Leçon 11
Néhémie Et La Dédicace Des Murailles

Textes pour la préparation: Né. 12:27-47
Texte à lire en classe: Né. 12:27-32
Texte d'or: Louez l'Eternel, car il est bon, car sa miséricorde dure à toujours ! **Ps. 136:1**
Méthodes: discours, histoires, questions
But: montrer comment louer L'Eternel pour ses bienfaits.

Introduction
Le grand jour est arrivé où tous vont magnifier l'Eternel avec des louanges. Suivons le protocole:

I. **Organisation** 12:27-32
Néhémie organisa une procession en deux convois sur la muraille même.
Le premier convoi part du côté droit de la muraille. Le deuxième convoi part du côté gauche pour se rencontrer dans le temple. 12:31, 38, 40

1. **Composition du premier convoi :**
    1. Au premier rang: Esdras. v. 36
    2. Au deuxième rang: La grande chorale
    3. Au troisième rang: Hosée et la moitié des chefs de Juda
    4. Au dernier rang : Des trompettistes fils de sacrificateurs et Hanani, frère de Néhémie. v. 35-36

2. **Composition du deuxième convoi :**
    1. Au premier rang: La deuxième chorale. v. 38
    2. Au deuxième rang: Néhémie et les magistrats. v. 40
    3. Au troisième rang : L'autre moitié du peuple. v. 38

II-. Célébration
1. Une série de morceaux tantôt exécutés par les trompettistes tantôt par les chorales. v. 41, 42.
2. Le peuple offrit à Dieu de nombreux sacrifices. v. 43.
3. Tous mangent et se réjouissent à grands cris dans la présence de Dieu. v. 43

III. Annonces spéciales
1. Nomination d'un comité de finances   12 : 44
   a. Pour gérer les offrandes et les dîmes
   b. Pour percevoir les dons et les prémices du peuple.
   c. Pour payer les salaires des ouvriers de Dieu. v. 44
2. Un rappel aux sacrificateurs de s'occuper des services de Dieu et des purifications. v. 45-46
   Rappel aux membres des chorales de s'acquitter de leur tâche comme il en a été au temps de David.
4. Un salaire est prévu pour ceux qui s'en occupent à plein temps. v. 47

Conclusion
Ces dispositions sont légitimes et pratiques étant donné que le peuple va retourner chacun dans sa localité, mais avec des instructions nécessaires. Leaders, prenez en bonne note.

Questions

1. Qui organisa la fête?
   Néhémie

2. Combien de chorales y participaient?
   Deux

3. Dites la composition de chaque convoi.
   Au premier convoi on peut compter : Esdras, La grande chorale, Hozée et la moitié des chefs de Juda.
   Au deuxième convoi on peut signaler la présence de : La deuxième chorale, Néhémie, les magistrats et l'autre moitié du peuple

4. Comment eut lieu la célébration?
   Une série de chants exécutés par les trompettistes suivis de la présentation des sacrifices. On termine avec une grande réception.

5. Dites les annonces spéciales publiées par Néhémie?
   a. La nomination d'un comité de finances pour gérer les dimes et les offrandes, pour recevoir les dons et payer les ouvriers de Dieu.
   b. Un rappel aux sacrificateurs et aux chantres d'occuper leurs postes.
   c. Le salaire des ouvriers doit être respecté.

6. Quelle en était la raison?
   Pour que le peuple n'oublie pas son devoir sitôt la fête achevée.

Leçon 12
Néhémie Et Sa Campagne De Redressement

Textes pour la préparation: Né. 13; Né. 1:8; 6:14; 13:29, 31 ; Mc.10 :25

Texte à lire en classe: Né. 3:1-9

Texte d'or: : Lorsqu'on eut entendu la loi, on sépara d'Israël tous les étrangers. **Né. 13:3**

Méthodes: Discours, questions, comparaisons

But: Montrer l'intransigeance de Néhémie dans l'exercice de la droiture

Introduction: Néhémie vient de passer quelques mois en Perse, sans doute pour donner au roi un rapport de sa mission. Dès son retour, il devait hélas, tout redresser. En quoi?

I. **D'abord, Il devait déguerpir Tobija.** 2:10; 13:4-6, 8-9
   1. La Bible défend toute alliance avec les Moabites et les Ammonites, ennemis d'Israël. Or Tobija en était un. Né.13 :1
   2. Grâce à la complicité d'un parent, Eliaschib, sacrificateur en Israël, ce Tobija occupait l'une des chambres les plus importantes de la maison de Dieu. 13 :5 Néhémie l'expulsa, purifia toutes les chambres et remit tout en bon ordre. 13 :8-9

II. **Puis, il rétablissait les religieux dans leur fonctions.**
   1. Les Lévites et les chantres habitaient près de Jérusalem pour mieux faire leur travail à plein temps. Mais ça coûte d'habiter en ville! Cf. La leçon précédente. Né.12:29
   Et voici que dès l'absence de Néhémie, ils ne reçoivent aucun salaire des trésoriers responsables. 13 :10

    2. Néhémie blâmait les trésoriers, et les remplaça à l'instant. 13:11, 13
    3. Il engagea le peuple à contribuer. v. 12
    4. Il fit une entente avec les Lévites et les chanteurs et leur demanda de regagner leur poste. v.11

III. **Ensuite, il bannit la contrebande.** 13:15-22

Des étrangers profitaient du sabbat pour faire la contrebande avec le peuple. Néhémie fait fermer les portes dans l'intervalle et punit les contrebandiers. Mais d'après la tradition le jour du sabbat, les Juifs s'entendent avec les étrangers pour faire passer les chameaux chargés de marchandises par ne porte tellement petite qu'elle fut appelée "*Trou à l'aiguille*". Le passage donc était très pénible pour cet animal à deux bosses. Jésus en a fait allusion dans la parabole de l'homme riche . Mc.10:25

IV. **Enfin, il combat le mariage mixte.** 23-31

1. Les Juifs ne doivent pas se marier avec les gens d'autres nations. C'était défendu par leur religion. v.25
2. Ils doivent s'efforcer de maintenir l'usage de leur langue maternelle, l'hébreu. v. 24.

Conclusion: Ce Néhémie restera grand par son dévouement pour Dieu. Car le refrain à tous ses actes était la prière. Imitez-le.

Questions

1. Citez quatre actes de redressement de Néhémie.
   a. Il fit déguerpir Tobija
   b. Il rétablit les religieux dans leurs fonctions
   c. Il bannit la contrebande
   d. Il combat le mariage mixte

2. Quand a eu lieu ces dérapages ?
   En son absence

3. Pourquoi le Juif ne doit-il pas se marier avec l'étranger?
   A cause de sa religion.

4. Que vous rappelle le "Trou à l'aiguille"?
   Le dialogue de Jésus avec le jeune homme riche

5. Quel était le refrain dans la vie de Néhémie?
   La prière.

Récapitulation des versets

Leçons **Titres** **Versets**

Leçon 1 **Néhémie, un leader religieux.**
"Donne aujourd'hui du succès à ton serviteur et fais-lui trouver grâce devant cet homme" Né. 1:11b

Leçon 2 **Néhémie, un leader patriotique**
"Levons-nous et bâtissons!" Né. 2: 18b

Leçon 3 **Néhémie et sa stratégie de travail**
"Ainsi, mes frères bien-aimés, soyez fermes, inébranlables, travaillant de mieux en mieux à l'œuvre du Seigneur, sachant que votre travail ne sera pas vain dans le Seigneur."
1Cor. 15:58

Leçon 4 **Néhémie et les dix portes d'accès à la muraille**
Je suis la porte. Si quelqu'un entre par moi, il sera sauvé ; il entrera et il sortira, et il trouvera des pâturages. Jn.10 : 9

Leçon 5 **Néhémie face à l'opposition**
"Ne les craignez pas! Souvenez-vous du Seigneur, grand et redoutable, et combattez pour vos frères, pour vos fils et vos filles, pour vos femmes et pour vos maisons." Né. 4:14b

Leçon 6 **Néhémie et la progression de l'œuvre**
"Nos ennemis éprouvèrent une grande humiliation et reconnurent que l'œuvre s'était accomplie par la volonté de notre Dieu." Né. 6:16b

Leçon 7 Néhémie et son mode de gouvernement

"Lorsque la muraille fut rebâtie et que j'eus posé les battants des portes, on établit dans leurs fonctions les portiers, les chantres et les lévites." Né.7 :1

Leçon 8 Néhémie et le réveil spirituel du peuple

"Esdras ouvrit le livre à la vue de tout le peuple, car il était élevé au-dessus de tout le peuple; et lorsqu'il l'eut ouvert, tout le peuple se tint en place." Né. 8:5

Leçon 9 Néhémie et la sanctification du peuple

"Ceux qui étaient de la race d'Israël s'étant séparée de tous les étrangers, se présentèrent et confessèrent leurs péchés et les iniquités de leurs pères." Né. 9:2

Leçon 10 Néhémie et le repeuplement de Jérusalem

"Le peuple bénit tous ceux qui consentirent volontairement à résider à Jérusalem." Né. 11:2

Leçon 11 Néhémie et la dédicace des murailles.

"Louez L'Eternel, car Il est Bon, car sa miséricorde dure à toujours." Ps. 136:1

Leçon 12 Néhémie et sa campagne de redressement

Lorsqu'on eut entendu la loi, on sépara d'Israël tous les étrangers. Né. 13:3

Troisième Série
L'ETHIQUE CHRETIENNE

Avant-propos
Qu'est-ce que c'est ? C'est plus qu'un code de morale chrétienne destinée à guider le chrétien dans les décisions à prendre dans les cas où la morale générale n'a pas de réponse ; C'est une référence notoire pour les pasteurs, pour les jeunes, pour les familles sur la manière de bien se conduire en société. Je me tais et laisse parler le livre.

Leçon 1
Code D'Éthique Chrétienne

Textes pour la préparation: 2S. 12:14; Ac. 24:16; Ro. 14-15; 1Co. 6:12-13; Ph. 4:8; Col.3 :23-24
Texte à lire en classe: Ro. 14:1-4
Texte d'or: Tout ce que vous faites, faites-le de bon cœur, comme pour le Seigneur et non pour les hommes. **Col. 3:23**
Méthodes: discussion, comparaisons, questions
But: Eclairer le chrétien sur la conduite à observer dans certains cas, suivant sa foi, suivant les us et coutumes de son pays.

Introduction
Les coutumes et les usages varient d'un pays à un autre. Ce qui est permis ici est défendu ailleurs. Tandis que le chrétien est appelé à briller, quel doit être donc son comportement au milieu de tant de différences? Ce code d'éthique est la réponse.

I. Définition:
L'éthique chrétienne est la conduite que le chrétien est appelé à observer de manière à plaire à Dieu, à édifier les autres chrétiens et à ne pas scandaliser les païens. Pour cela, il doit avoir une ligne de conduite que nous appelons ici *Code d'éthique*.

II. Code d'éthique:
1. Ce que je fais, ce que je dis, là où je vais, est-ce pour la gloire de Dieu? Ro. 14:8; Col. 3:23.
2. Dois-je me cacher pour le faire? 2 Cor. 4:2; Ac. 24:16
3. Ne serai-je pas une occasion de chute pour le frère faible? Ro. 14:15, 21; 1 Cor. 8:7-13.
4. Serai-je fier de mes actes si je dois aujourd'hui même

comparaître devant le tribunal de Dieu? Après avoir agi, ma conscience est-elle en paix? Ro. 14:12; Jn. 8:9
5. Ai-je fait tout pour l'édification? Ro. 15:2, 5.
6. Ce que je fais, mérite-t-il l'approbation? Phil. 4:8
7. Le nom de Jésus n'est-il pas blasphémé à cause de moi? 2 Sam. 12:14; Ro. 2:24
8. Mon acte va-t-il causer du scandale à l'Eglise, dans mon milieu social ? Ro. 14:21; Lu. 17:1
9. Mon acte peut être permis, mais est-il utile? 1 Cor. 6:12
10. Mon acte peut-il devenir pour moi un esclavage? 1Co. 6:12

Conclusion

Nous ne prétendons pas épuiser le sujet à partir de ces questions; mais elles auront néanmoins la vertu de vous conduire vers une vie plus fructueuse pour la gloire de Dieu.

Questions

1- Qu'est-ce-que l'éthique chrétienne ?
C'est la règle de conduite chrétienne

2- Dans quel but?
Afin de glorifier Dieu, d'édifier l'Eglise et d'éviter le scandale

3- Pourquoi l'éthique chrétienne ne condamne-t-elle pas les us et coutumes comme péché?
Parce qu'ils sont conformes aux coutumes et aux usages du pays.

Leçon 2
Le Chrétien et la Mode

Textes pour la préparation: Ge. 3:21; 28:20; Esa. 3:16-26; Ps. 132:9; 1 Ti. 2:9-10; Ap. 16:15
Texte à lire en classe: 1 Ti. 2:9-10
Texte d'or: Je veux aussi que les femmes, vêtues d'une manière décente, avec pudeur et modestie, ne se parent ni de tresses, ni d'or, ni de perles, ni d'habits somptueux. 1Ti. 2:9
Méthodes : discussions, comparaisons, questions
But: Montrer comment le chrétien peut plaire à Dieu dans la façon de s'habiller.

Introduction

La façon de s'habiller varie d'un peuple à un autre suivant le climat, les époques, les goûts et la religion. Très souvent, les hommes arrivent à modifier leur style à la faveur des voyages. Comment le chrétien doit-il se comporter vis-à-vis de la mode sans déplaire à Dieu?

I. Il doit s'habiller avec simplicité.
1. Il ne doit pas se conformer à la mode du siècle. Ro. 12:2
2. Il doit se dire: Si Jésus était à ma place, porterait-il ce vêtement? Ep. 5:1
3. Sa tenue doit attirer l'attention non sur lui mais sur Christ. 1 Cor. 11:1
4. Les bijoux, les vêtements chers, attirent surtout les envieux et les voleurs. Mt. 6:19- 21. Le port des bijoux peut devenir une forme d'idolâtrie que Dieu condamne. Ex. 33:4-6.

5. L'habit que nous portons est une mode. Le chrétien ne doit être ni démodé ni devancer la mode. Il doit garder le juste milieu en observant la décence. 1Tim. 2:9.

II. Il doit s'habiller d'une manière appropriée. Ro. 14:7, 15

1. Dans certains pays, en Orient par exemple, les deux sexes portent des robes, mais elles étaient distinctes au point que Dieu condamne comme une abomination le port d'habit de l'autre sexe. De. 22:5
2. Dans notre pays les hommes portent des robes telles que les robes de chambres, les sorties de bain. Les femmes aussi portent des pantalons de travail, de sport, dans les milieux appropriés sans scandaliser personne. Mais le port de pantalon par les femmes pour venir adorer dans l'Eglise, pour quelle que soit la raison, peut être un scandale pour plusieurs. L'Eglise ne l'encourage pas.

Conclusion

Vous ne péchez pas pour l'avoir porté, mais vous faites pécher l'enfant de Dieu dont vous êtes le gardien. Ro. 14:4-7. Et Dieu va vous juger pour votre indifférence à l'égard de l'âme du prochain Ro.14 :12 12.

Portez donc des vêtements et des ornements sacrés qui ne sont autre qu'une vie pure devant Dieu. 1 Pi. 3:4.

Questions

1. Comment le chrétien doit-il s'habiller?   Avec simplicité
2. Quelle règle d'éthique s'applique-t-elle?   Imitez Christ
3. Qu'est-ce que Dieu appelle abomination?
   Le port d'habit de l'autre sexe.

Leçon 3
Le Chrétien Et Le Flirt

Textes pour la préparation: Job. 15:12-13; Pr. 4:25; 6:12-15; 10:10; 27:20; Ps. 119:37; Ja. 4:7- 8; 1 Jn. 2:15-17
Texte à lire en classe: Jn. 2:15-17
Texte d'or: N'aimez point le monde, ni les choses qui sont dans le monde ; si quelqu'un aime le monde, l'amour du Père n'est point en lui. 1 Jn. 2:15
Méthodes: discussions, comparaisons, questions
But: montrer comment le chrétien doit éviter de salir sa conscience en jouant avec l'amour.

Introduction
Vous les religieux, vous parlez de flirt, qu'est-ce que le flirt? C'est faire une tragédie d'une chose bien simple! Vous voulez rendre la vie chrétienne trop difficile, pasteur? Trouvez-nous une réponse satisfaisante.

I. Flirt
1. Par définition, c'est une forme de passion charnelle: Vous ne pouvez résister à l'envie de courtiser l'autre sexe; vous voulez toujours faire de nouvelles conquêtes, par pure vanité.
2. Vous jouez avec le cœur du jeune homme ou de la jeune fille. Vous lui donnez un vain espoir.
3. Dans la nomenclature des péchés de la chair, Paul l'appelle: Dissolution. Gal. 5:16. Dérèglement: Ep. 4:19. Pierre l'appelle : Attitude des hommes "sans frein". 2 Pi. 2:7

II. **Excuses à ce comportement**
 1. C'est Dieu qui nous a fait comme ça. On ne peut laisser les gens comme ça, il faut se distraire.
 2. Les gens à l'esprit étroit voient toujours les choses de travers; il n'y a pas de mal dans le flirt.
 3. L'Eglise a trop de choses dont elle doit s'occuper pour perdre son temps à blâmer le flirt.
 4. Dieu n'est pas si exigeant; Il est miséricordieux.

III. **Qu'en dit la Bible?**
 1. Celui qui cligne des yeux est une cause de chagrin Prov. 10:10
 2. Détourne mes yeux de la vue des choses vaines, fais-moi vivre dans ta voie. Ps. 119:37.
    Que tes yeux regardent en face, et que tes paupières se dirigent devant toi. Prov. 4:25.
    L'homme pervers cligne des yeux, parle du pied, fait des signes avec les doigts... Sa ruine arrivera soudain. Prov. 6:12-15
 3. Tachez d'avoir une conscience sans reproche devant Dieu et devant les hommes. Act. 24:16

Conclusion

Jouer avec des allumettes c'est jouer avec le feu; jouer avec le cœur des femmes c'est jouer avec son âme. Faites tout pour la gloire de Dieu, avec une conscience pure devant Dieu.
1 Cor. 10:31

Questions

1. Qu'est-ce que le flirt.
   C'est une passion de la chair.

2. Est-il un péché?
   Oui, c'est de la tromperie.

3. Quelles excuses les coupables avancent-ils?
   C'est Dieu qui les a fait comme ça. Les gens ont l'esprit étroit pour le juger. Dieu n'est pas si exigeant.

4. Qu'en dit la Bible?
   On doit se détourner du mal. On doit avoir une conscience pure devant Dieu.

Leçon 4
Le Chrétien Et La Danse

Textes pour la préparation: 2 S. 6:14-16; Ps. 30:11; 149:3-4; 150:4-6; Ac. 3:7-8
Texte à lire en classe: Ps. 150
Texte d'or: Qu'ils louent son nom avec des danses, qu'ils le célèbrent avec le tambourin et la harpe. **Ps. 149:3**
Méthodes : discussions, comparaisons, questions.
But: montrer la position du chrétien par rapport à la danse.

Introduction
La danse, telle qu'elle est considérée dans la Bible est un symbole de grande réjouissance religieuse. Avant d'être pervertie par Satan, elle était sacrée aux yeux de Dieu. La danse était le plus souvent accompagnée de musique. Ps. 149:1-4. Ainsi donc, un chrétien peut-il danser?

I. La danse selon le monde.
1. Un rapprochement de sexes sous l'influence de la musique. Souvent on danse, on boit pour exciter les passions charnelles. Le rock'n'roll par exemple est une expression qui signifie: *faire sexe.* On danse pour se distraire, pour satisfaire ses passions charnelles.
2. La plus pure des femmes peut être embrassée par l'homme le plus vil dans les circonstances les plus intimes.
3. Le chemin vers l'immoralité sous toutes ses formes. Exemple : Hérode consentit à la mort de Jean Baptiste pour le prix d'une partie de danse. Mc. 6:22-24

II. La danse selon Dieu
1. Réjouissance, louange à Dieu pour ses bienfaits. Ps. 149:3-4. Cf. Le boiteux après sa guérison. Ac. 3:8.
2. David pour s'humilier devant Dieu. 2 Sam. 6 : 14-22

3. La danse selon Dieu a toujours été en plein jour ou en plein air. Jamais de danse de deux sexes différents dans un déhanchement sadique sous de petites lumières, agrémentée de musiques tendancieuses dans un service de louange et d'adoration.

III. Motifs de la danse chez les jeunes.
1. Beaucoup de dirigeants religieux ont un conflit d'opinion sur cette affaire. Les jeunes en profitent pour bâtir la leur.
2. Les jeunes craignent d'être mis de côté par leurs amis s'ils ne font pas comme eux. Ils désirent paraître.

IV. Les questions à se poser.
1. Puis-je inviter Jésus avec moi sur la piste de danse?
2. Aurai-je plus de puissance spirituelle pour amener une âme Christ ?
3. Pourrai-je témoigner pour Christ après une partie de danse?
4. Christ sera-t-il fier de moi au jour du jugement?
5. Au lieu de blâmer les chrétiens à l'esprit étroit ne dois-je pas reconnaître que le chemin de Jésus est étroit, difficile et périlleux? Mt. 7:13
6. Ne dois-je pas choisir entre la joie du monde et celle que donne le Seigneur Jésus? Ps. 16:11; 1 Jn. 2:17

Questions

1. Pourquoi le monde danse-t-il?
   Pour se distraire et satisfaire les passions de la chair.

2. Pourquoi le chrétien danse-t-il?
   Pour louer Dieu et s'humilier devant Lui.

3. Qu'est ce qui porte nos jeunes à danser?
   L'envie de paraître
   Le conflit d'opinion des leaders religieux sur la danse.

4. Que faut-il répondre devant l'invitation à danser?
   Puis-je inviter Jésus à danser avec moi sur la piste ?
   Pourrai-je témoigner pour Christ après la danse ?

Leçon 5
Le Chrétien Et La Drogue

Textes pour la préparation: Ge. 9:20-27; 19:30-38; Le. 10:9-10; Pr. 31:4-9; Hab. 2:15-16; 1Ti. 5:23
Texte à lire en classe: Ge. 9: 20-27
Texte d'or: Malheur à celui qui fait boire son prochain, à toi qui verses ton outre et qui l'enivres, afin de voir sa nudité. **Hab. 2:15**
Méthodes : discussions, comparaisons, questions.
But: montrer le danger dans l'usage de la drogue.

Introduction
Pourquoi les gens prennent-ils de la drogue? Des millions en font usage pour combattre la tension artérielle, l'anxiété, l'insomnie, la dépression, le froid. Ont-ils réussi?

I. **Les méfaits de la drogue.**
   1. Elle affecte votre état d'esprit: Vous vous fâchez facilement, vous prenez des décisions ridicules.
      Ex. Après avoir bu, Noé maudit le fils de Cham. Ge. 9:25-27
   2. Elle vous porte au dérèglement: Les deux filles de Lot ont drogué leur père pour faire sexe avec lui. Ge. 19:31-38
   3. La nicotine par exemple, engendre la mortalité infantile, des enfants crétins, rachitiques; elle est responsable du manque de lucidité qui cause aux chauffeurs de graves accidents d'auto.
   4. La marijuana vous empêche de vous concentrer sur un travail sérieux et détruit votre système de défense contre toutes sortes de maladies.
   5. Une fois dopé, il est difficile de renoncer à la drogue.

II. **Ce que Dieu dit de la drogue**
   1. Soyez sobre (ne buvez pas de boissons enivrantes) 1Pi.5 :8
   Malheur à celui qui fait boire son prochain… afin de voir sa nudité (peer pressure), Hab. 2:15
   2. L'amour de la drogue est un signe des temps: Les gens aiment le plaisir (sexe, drogue, argent) plus que Dieu. 2 Tim. 3:4
   3. Votre corps est le temple de Dieu. Vous en êtes le gérant. Vous avez des comptes à en rendre. 1 Cor. 6:19-20
   4. Seuls ceux qui périssent peuvent boire. Mais ceux qui doivent diriger, ceux qui ont un avenir, ne doivent pas boire. Un chef d'Etat ivrogne va prendre des "décisions-tafia" pour étourdir toute la nation. Prov.31 :4-7

III. **Comment vaincre la drogue ?**
   1. Prière, confession, humilité, conversion. Apoc. 21:7-8
   2. Consultez les spécialistes dans les centres de réhabilitation.
   3. Graduellement, essayez le jus, le lait, l'eau comme boisson, enfin l'abstinence.

Conclusion: Livrez votre corps à Dieu comme un sacrifice vivant saint et agréable. Vous en bénéficierez ainsi que votre famille et votre pays.

Questions

1. Citez 4 dangers de la drogue.
   a. Elle affecte votre état d'esprit
   b. Elle incite au dérèglement
   c. Elle affaiblit la lucidité.
   d. Il est difficile de s'en débarrasser après.

2. Que dit la Bible de la drogue?
   a. Soyez sobre
   b. Malheur à celui qui fait son prochain boire
   c. L'amour de la drogue est un signe des temps
   d. Votre corps est le temple du Saint Esprit

3. Qui peut boire?
   Ceux qui périssent et les pauvres

4. Que peut-on suggérer aux gens influencés par la drogue?
   a. De consulter un spécialiste dans les centres de réhabilitation
   b. Graduellement d'essayer de remplacer la drogue par l'eau, le lait et le jus.
   c. D'essayer l' abstinence

Leçon 6
Le Chrétien Et Les Jeux De Hasard

Textes pour la préparation: Ge. 3:17-19; 1Ti. 6:6-12; 2Ti. 3:2; Ps. 73; Pr. 13:11; 20:21; 21:5-6
Texte à lire en classe: 1 Ti. 6:6-12
Texte d'or: Car l'amour de l'argent est une racine de tous les maux ; et quelques-uns, en étant possédés, se sont égarés loin de la foi, et se sont jetés eux-mêmes dans bien des tourments. **1 Ti 6:10**
Méthodes : discussions, comparaisons, questions
But: montrer le danger de posséder sans Dieu.

Introduction
L'argent n'a pas d'odeur disait Vespasien, mais vaut-il l'honneur? Doit-on l'obtenir à tout prix?

I. **Motifs pour les jeux de hasard**
   1. On a l'ambition de s'enrichir sans travailler. 1 Ti. 6:9
   2. On craint le lendemain, on mise sur la chance. Mt. 6:34
   3. On ne veut pas se sentir inférieur à autrui. Ps. 73:3
   4. Tous les moyens sont bons, (la superstition, le mensonge, le crime) pourvu qu'on arrive au but. De. 18:10-12

II. **Rôle du malin dans les jeux de hasard**
   1. Satan veut détruire en nous nos valeurs d'homme et nous porter à désobéir à Dieu. Jn. 10:10
   2. Satan donne toujours de la richesse à ceux que Dieu prédestine à en avoir. Mt. 4:8-10
   3. Les jeux de hasard engendrent des querelles, la perte de bons amis, et même de sa propre vie. 1 Ti. 6:10

III. Ce que Dieu dit du hasard.
1. Tu gagneras ton pain par le travail (la borlette, le lotto, la loterie sont défendus) Ge. 3:17-19
2. L'amour de l'argent est la source de nos maux. 1 Tim. 6:10. Il nous porte à nous égarer loin de la foi. Nous sommes disposés à tout faire, même le mal pour réussir.
3. Satan nous donne des biens passagers en échange de notre âme. Nous gagnons des biens pour le temps, nous perdons notre âme pour l'éternité. Mt. 4:9

IV. Ce que la Bible recommande
1. Acceptez Jésus comme Sauveur. Mt. 11:28
2. Demandez-lui tout ce que vous voulez. Jn. 14:14
3. Contentez-vous de ce que vous avez et n'enviez le sort de personne. Hé. 13:5
4. Dans l'éternité, le sort de Lazare est plus enviable que celui de l'homme riche. Lu. 16:23-25
5. Dieu a en réserve pour nous les choses les meilleures. Hé. 6:9

Conclusion: Travaillez, c'est la loi du monde. Puisque Dieu est travailleur, travaillez avec Lui car il y a d'abondante joie devant sa face!

Questions

1. Quels sont les motifs pour les jeux de hasard?
   a. On est poussé par l'ambition de s'enrichir
   b. On craint le lendemain
   c. On ne veut pas se sentir inferieure a autrui
   d. On veut réussir à tout prix.

2. Que fait le malin pour nous y encourager?
   a. Il nous porte à désobéir à Dieu
   b. Il nous offre ce qu'il sait que Dieu va nous donner

3. Qu'en dit la Bible?
   a. Tu dois travailler pour posséder
   b. L'amour de l'argent est la racine de tous les maux
   c. Satan nous offre des biens passagers en échange de notre âme.

4. Qu'est-ce que Jésus nous recommande?
   a. De l'accepter comme Sauveur
   b. De lui demander tout ce que nous voulons
   c. De nous rappeler que Dieu a pour nous en réserve les choses les meilleures.

Leçon 7
Le Chrétien Et La Politique

Textes pour la préparation: 2 Ch. 14:1-13; 20; Esa. 6:5; 13: 3-4; Da. 3:15-19; Osée. 12:6; Pr 11:14; Lu. 18:36; 20:20-25; Ro. 13:1-7; 2Cor.5: 19; 1 Pie. 2:13-17
Texte à lire en classe: Lu. 20:20-25
Texte d'or: Alors il leur dit : Rendez à César ce qui est à César, et à Dieu ce qui est à Dieu. **Lu. 20:25**
Méthodes: discussions, comparaisons, questions
But: montrer l'attitude du chrétien face à la politique.

Introduction
Le plus grand politicien qui soit, c'est l'Eternel. Vous vous étonnez? Il est Roi à vie, l'Eternel des armées. Il gouverne son peuple. Il a des ambassadeurs. Il a des espions. Il construit et détruit des nations. Qu'en dites-vous? ...Et la question est pendante: un chrétien peut-il être politicien?

I. Définition Ro. 13:1-7
La politique est la manière de bien servir son pays.
Comment ? On doit :
1. Eviter de dénigrer son pays ; on doit le servir, le défendre au besoin.
2. Créer des emplois, faire bien dans et pour son pays.
3. Encourager des œuvres sociales (santé, école, centre d'accueil, orphelinat, sports)
4. Encourager des inventions, des innovations.
5. Développer le commerce, l'agriculture, le journalisme...
6. Développer le tourisme. les relations avec l'extérieur.
7. Prier pour le gouvernement du pays. 1Tim. 2:1-2; Pi. 2:13-17

II. **Dieu et la Politique :**
   1. Dieu approuve un bon gouvernement. Pr. 11:14
   2. Il nous demande de lui obéir. Donc on doit voter, payer des taxes, obéir aux lois. Mt. 22:21 ; Ro. 13:6-7
   3. L'obéissance à Dieu surpasse l'obéissance aux autorités. Ac. 5:29
   4. Le chrétien ne doit pas compromettre sa conscience et sa foi en Dieu pour aucun gouvernement. Da. 3:15-19 ; Jn. 8:36. Cf. Daniel et ses trois compagnons dans la diaspora babylonienne.

III. **Question d'éthique:**
   Le chrétien peut-il faire de la politique?
   1. David était un roi guerrier, un politicien mais surtout un homme selon le cœur de Dieu. 1S.13:14
   2. Dieu lui-même s'appelle l'Eternel des armées, le Dieu
   3. des militaires. Esa. 6:5; 13:4; Osée. 12:6
   Tous les bons rois d'Israël dépendaient de Dieu pour leur victoire. Cf. Asa, Josaphat. 2 Ch. 14:10; 20:12
   5. Au temps apostolique, des militaires chrétiens servaient dans le palais de César. Ph. 4:22
   6. Dieu parle d'ambassadeur, de prince, de sainte milice dans son royaume, symboles spirituels de gouvernement ici-bas.

Conclusion

Vaut mieux avoir pour dirigeants des chrétiens qui édicteront des lois justes pour la paix et le progrès au lieu de dirigeants progressistes, immoraux et qui égarent le peuple.

Questions

1. Dieu est-il contre l'armée?
   Non. Il est l'Eternel des armées.
2. Que veut dire politique?
   La manière de bien servir son pays
3. Donnez des exemples.
   a. On doit éviter de dénigrer son pays
   b. On doit créer des emplois, encourager les œuvres sociales, On doit développer le commerce, le tourisme, l'agriculture On doit encourager le développement des inventions
   c. On doit prier pour son gouvernement
4. Que dit Dieu de la politique?
   a. Dieu approuve un bon gouvernement
   b. Il nous demande de lui obéir
   c. Le chrétien ne doit pas compromettre sa conscience pour aucun gouvernement
5. Le chrétien peut-il faire de la politique? Oui et non

Discussion: Entre un roi méchant, superstitieux et un roi chrétien, qui choisir?

Leçon 8
Le Chrétien Et La Guerre

Textes pour la préparation: Ex. 17; 1 Ch. 22:1-10; De. 20:1; Ps. 46
Texte à lire en classe: Ph. 4:20-23
Texte d'or: Tous les saints vous saluent et principalement ceux de la maison de César. **Ph. 4:22**
Méthodes: discours, discussion, questions
But: montrer l'attitude que le chrétien est appelé à adopter en cas de guerre.

Introduction
Depuis le jour où Caïn a tué Abel, le feu de la guerre n'est jamais éteint sur la terre; les armes les plus meurtrières sont mises au service de l'orgueil, de la jalousie et de la méchanceté. Quelle devrait donc être la position du chrétien face à la guerre? Comment peut-il exprimer son patriotisme?

I. Raisons pour la guerre
1. L'expansion du territoire à cause de l'explosion démographique ou de la loi du plus fort.
2. Querelle, mal entendu, jalousie, vengeance.
3. Conflit d'autorité ou d'opinion.

II. Dieu et la guerre.
1. Il dirige les guerres d'Israël. No. 21:14; Ps. 46: 12
2. Jésus-Christ en parle dans ses illustrations. Lu. 14:31
3. Dieu déteste la guerre entre frères. 2 Chr. 11:4
4. Le guerrier ne dirigera rien dans son Eglise. Mais il peut contribuer. 1 R. 2:5; 1 Ch. 22:8-9; 2Ch. 26:16-21

III. **Le port d'arme par les autorités**
1. Pour assurer la paix publique. Ro. 13:3-4
2. La garde d'honneur de César comptait des chrétiens. Phil. 4:22
3. William Booth fondateur de "L'Armée Du Salut" était un militaire. Ses leaders observaient la même discipline.

IV. **Quelle doit être notre attitude face à la guerre?**
1. Va-t-on en guerre pour la gloire de Dieu?
2. Pour quel motif y va t-on? Patriotisme? Pillage ? ...
3. Est-elle juste la cause que vous défendez ?
4. Votre conscience est-elle libre après tout?

V. **Question d'opinion**
Les Mennonites, disciple de Mennon Simon sont contre la guerre et le service militaire. Ils offriront leur service dans d'autres domaines qui n'ont rien à faire avec le port d'arme à feu, ou bien d'arme blanche.

Conclusion
Sachez que vous ne commettez aucun péché en défendant la patrie même en tuant 10,000 comme David. Mais si vous frappez quelqu'un par méchanceté, le jugement vous attend. Et si vous êtes un militaire, vous serez passible de cour martiale.

Questions

1. Quelles sont les grandes causes de la guerre?
   a. L'expansion du territoire selon la loi du plus fort
   b. Les querelles, la jalousie, la vengeance
   c. Les conflits d'autorité ou d'opinion

2. Dieu est-il contre la guerre?
   a. Il dirige les guerres d'Israël
   b. Il déteste la guerre entre frères

3. Le juge ou l'agent de police pèchent-ils parce qu'ils vous punissent?
   Non. Ils ne font qu'assurer la paix publique
   a. Quelle attitude doit-on observer en cas de guerre? Va-t-on en guerre pour la gloire de dieu ?
   b. Va-t-on en guerre pour une juste cause ?
   c. Ma conscience est-elle libre après tout ?

Leçon 9
Le Chrétien Et Le Mariage Mixte

Textes pour la préparation : Ju.16 ; Esd.9 :1-4 ; 10 :1-2 ; 1R.11 :1-8 ; 2Ch.8 :11 ; 2Co.6 :14-18 ; 1Jn.2 :15-17
Texte à lire en classe : 2Co.6 :14-18
Texte d'or: Ne vous mettez pas avec les infidèles sous un joug étranger. Car quel rapport y a-t-il entre la justice et l'iniquité ? ou qu'y a-t-il de commun entre la lumière et les ténèbres ? **2Cor.6 :14**
Méthodes : histoire, comparaisons, questions
But : décourager les mariages avec les inconvertis.

Introduction
Une question brûlante: un chrétien peut-il se marier à un non-chrétien? « L'éthique chrétienne » est la librairie à consulter.

I. Conception juive du mariage :
a. Les juifs se marient entre eux; pour des raisons purement religieuses. Esd.10 :10
b. Dieu punit le mariage avec les païens parce qu'ils adorent les faux dieux. C'était la faute de Samson et du roi Salomon. Jug.16 :18-20 ; 1Roi.11 :3-4

II. Conception occidentale du mariage :
1. *Dans un sens restreint*
   a. On se marie le plus souvent avec les gens de la même confession de foi .
   b. D'ordinaire, on prie Dieu pour le choix d'un partenaire chrétien'

2. *Dans un sens large*:
   a. L'amour franchit les barrières de la religion et l'on voit des mariages entre des gens appartenant à une religion ou à une foi différente.
      Suivant les circonstances :
   b. On évoque la situation de travail, d'étude, de niveau de vie. On raisonne et on choisit.
   c. Les vieillards dans nos maisons d'accueil font souvent des mariages « de raison » où les considérations religieuses tombent.

III. Conception neo-testamentaire:
1. Le mariage avec le non-chrétien est une infidélité envers Dieu. Le Saint Esprit s'en écarte automatiquement. Là commencent les déboires. 2Cor.6: 16-18
2. Le mariage avec le non-chrétien est un signe de détachement de Dieu. C'est une chute grave très souvent chargée de conséquences malencontreuses 1Jn.2:15

IV. Conséquences:
1. Conflits sur l'Eglise où il faut adorer, sur la manière de se vêtir, sur les activités sociales auxquelles on veut participer, parfois sur le budget de famille, ou sur les relations sentimentales avec d'autres partenaires.
2. Peu ou pas de relation dans la prière, mensonge, querelles, durcissement, sévices, injures graves, séparation de corps, divorce.
3. Séparation de biens, éducation des enfants compromises, division des familles
4. Le dépit, la haine, la vengeance, la vanité d'un second mariage, le suicide.

V. Recommandations
1. Donner à Dieu la chance de vous choisir un partenaire. Il s'y connaît.
2. Rechercher l'assistance de conseillers chrétiens.
3. Lire des ouvrages appropriés
4. Vous préparer non pour une personne déterminée mais pour l'avenir.
5. Eviter de faire plusieurs choix et de les essayer consécutivement.
6. Eviter de faire des mariages d'essai. Quand Dieu choisit, le test est inutile.
7. On ne va pas trouver le partenaire si on reste à la maison. Mais aussi ne vous engagez pas avec le premier venu.

Conclusion
L'obéissance à Dieu est la clé du succès dans le mariage. N'agissez pas en amateur.

Questions

1. Pourquoi les juifs se marient-ils entre eux ?
   A cause des règlements de leur religion.

2. Comment l'Occidental voit-il le mariage ?
   Généralement entre les gens de même foi.

3. Comment cette conception a-t-elle variée ?
   A la faveur des circonstances.

4. Qu'en dit le Nouveau Testament ?
   Le mariage mixte est une infidélité à Dieu.

5. Citez 4 conséquences possibles du mariage mixte. Des conflits, le divorce, la division, le suicide.

6. Citez au moins quatre recommandations aux chrétiens : la prière, la bonne lecture, la consultation de conseillers chrétiens, l'éloignement du flirt.

Leçon 10
Le Chrétien Et La Limitation Des Naissances

Textes pour la préparation: Ge.1:26-31;17:1-5;38:6-10; 1Tim. 5:8-15; Mal.2:2
Texte à lire en classe: 1Tim. 5:8-15
Texte d'or: Si quelqu'un n'a pas soin des siens, et principalement de ceux de sa famille, il a renié la foi et il est pire qu'un infidèle. **1 Tim.5:8**
Méthodes: discussion, comparaisons, questions.
But: montrer l'attitude du chrétien face à la procréation.

Introduction:
Croissez et multipliez... n'est ce pas là le premier commandement de Dieu à l'homme en Eden? D'où vient-il que l'homme veut limiter les naissances? Quelles est notre position comme chrétien face à cette question?

I. **Le but de Dieu dans la création.**
   Ge. 1:26-31; 2:21-22,24
   1. Etablir la famille sur une base indissoluble, indivisible
   2. Peupler la terre avec des hommes pour la gérer.
   Ge. 2:15
   3. Avoir des êtres sur terre pour lui donner gloire.
   Mal.2:2

II. **Les limitations apportées par l'homme dans la procréation**
   1. L'onanisme ou fraude sexuelle. Dieu a tué Onan pour cela. (Le moniteur expliquera: Ge. 38:9-10)
   2. L'espacement des naissances grâce à la médecine moderne (condom, stérilet, pilules, pommade, piqûres...)
   3. La ligatures des trompes, l'avortement, l'abstinence.

III. La position dictée par le bon sens.
1. Avoir des enfants, suivant ses moyens pour les élever.
2. La terre n'est pas remplie au kilomètre carré, mais en proportion des ressources disponibles. Tous n'y ont pas accès à cause de leur ignorance ou de l'égocentrisme des hommes.
3. Considérer le sein de la femme qui va les porter.
4. Vaut mieux une mère pour les enfants qu'une belle-mère. Donc ne risquez pas la vie de la mère par des couches répétées.
5. Serai-je fier de mes enfants qui peut-être me diront plus tard: "Je suis un enfant non-désiré, une victime de votre passion. Aujourd'hui, je suis un misérable, un drogué. Vous êtes devant Dieu responsable de mes actes. Je hais Dieu aussi pour vous avoir choisi comme mon père ou ma mère.»

IV. La position du Chrétien
1. Je limite les naissances, est-ce pour la gloire de Dieu?
2. Suis-je un parent qualifié pour élever plusieurs enfants?
3. Ma conscience est-elle en paix avec la méthode employée?
4. Dieu a prévu des ressources pour l'homme avant de le créer, est-ce que je prévois d'avance les moyens pour l'entretien et l'éducation de mes enfants? Autrement, ma foi en Dieu sur la question d'enfant n'est-elle pas une forme d'ignorance?
5. Limité-je les naissances par peur du lendemain?

Conclusion: Allez à Dieu. La décision finale est à Lui.

Questions

1. Pourquoi Dieu nous a-t-il créés?
   a. Pour établir la famille
   b. Pour peupler la terre
   c. Pour avoir des êtres à lui donner gloire

2. Quel genre d'adaptation l'homme y a t-il apporté?
   Il vient avec la fraude sexuelle, l'espacement des naissances, la ligature des trompes.

3. Que recommande le bon sens ?
   a. Qu'on ait des enfants selon ses moyens pour les élever
   b. Qu'on considère la santé de la femme pour éviter des risques à la maternité

4. Quel est le guide du chrétien dans son choix?
   a. Rechercher la volonté de Dieu
   b. Voir si on est qualifié pour élever des enfants
   c. Voir si on a des ressources suffisantes pour l'éducation des enfants
   d. Voir si la limitation des naissance ne vient pas de la peur du lendemain.

Leçon 11
Le Chrétien Et L'avortement

Textes pour la préparation: Ex. 20:13; Ps. 8; 27:10; 51; 135:16-17; 139; Jn. 10:10; Je. 1:4-5; Lu.1:31-32; 1 Co. 15:33
Texte à lire en classe: Ps. 139:7-16
Texte d'or: Je te loue de ce que je suis une créature si merveilleuse. Tes œuvres sont admirables et mon âme le reconnait bien. **Ps. 139:14**
Méthodes: discussion, comparaisons, questions
But: montrer le châtiment de Dieu aux tueurs d'enfant.

Introduction: Je suis la vie, Je donne ma vie. Tu ne tueras point, dit L'Eternel. D'où vient donc l'avortement?

I. **Par définition, l'avortement :**
   C'est la destruction du fœtus vivant au sein de la mère par une intervention chirurgicale. C'est un meurtre communément appelé infanticide. Motifs:
   1. Pour se débarrasser d'un élément gênant (une grossesse née d'une rencontre sexuelle non voulue)
   2. Pour des raisons économiques. On n'a pas les moyens pour entretenir l'enfant.

II. **L'Ethique Médicale**
   L'avortement est légalement permis pour sauver la mère et ce durant les trois premiers mois de la grossesse.

III. **L'Ethique Théologique**
   1. L'Eglise Catholique est contre l'avortement et la limitation des naissances sous toutes ses formes.
   2. L'Eglise protestante appuie la limitation des naissances sous la base de l'éthique chrétienne. Elle rejoint l'Eglise Catholique dans le cas de l'avortement.

3. L'avortement est une insulte à Dieu, seul auteur de la vie. Il condamne les lâches, les meurtriers. Ap. 22:15
4. Dieu a un plan pour chaque vie même avant sa conception. Tuer un fœtus, c'est s'opposer au plan de Dieu. Ps. 139:16; Ap. 22:15

IV. Conséquences de l'avortement pour l'avorté
1. Une conscience troublée
2. Complexe d'infériorité
3. L'esprit hanté par l'image du fœtus animé en elle. L'idée de suicide.
4. Jugement de son milieu social.

V. Comment éviter l'avortement
1. Eviter les mauvaises compagnies. 1 Co. 15:33
2. Eviter le sexe avant le mariage. 1 Co. 5:9-13
3. Espacer les naissances pour des raisons valables.
4. Consulter un médecin gynécologue et des conseillers chrétiens.
5. Visiter les jardins d'enfants pour voir en eux l'Eglise, la nation de demain
   Adopter un enfant si l'on ne peut du tout enfanter.
   Prier avec foi.

Conclusion
Remettez votre destinée entre les mains de Dieu pour vous éviter des regrets stériles.

Questions

1. Comment définir l'avortement ?
   C'est la destruction du fœtus dans le sein de la mère

2. Quand l'avortement est-il licite ?
   Quand la vie de la mère est en danger.

3. Quelle est la position de l'Eglise. L'avortement est défendu.

4. Qu'en dit Dieu? Tu ne tueras point.

5. Quelle est la situation de l'avortée
   a. Elle a la conscience troublée,
   b. Son esprit est hanté par l'image du fœtus animé en elle
   c. Elle peut avoir l'idée de suicide et peut se croire pressée par le jugement de son milieu social.
   d. Finalement elle souffre du complexe d'infériorité.

6. Comment éviter l'avortement?
   On doit
   a. Fuir les mauvaises compagnies.
   b. Eviter le sexe avant le mariage.
   c. Espacer les naissances pour des raisons valables.
   d. Consulter son gynécologue et des conseillers chrétiens.
   e. Visiter les jardins d'enfants pour voir en eux la génération de demain
   f. Adopter un enfant si l'on ne peut enfanter.

Leçon 12
Le Chrétien Et La Destinée

Textes pour la préparation: De. 18:9-14; Le. 19:31; Esa. 8:19-20; Mich. 5:12; Mt 24:24; Ap. 21:8-22
Texte à lire en classe: De. 18:9-14; Le. 19:31
Texte d'or: Recommande ton sort à l'Eternel, mets en lui ta confiance, et il agira. **Ps. 37:5**
Méthodes :: histoire, discussions, questions.
But: montrer le danger de la divination

Introduction
De quoi demain sera-t-il fait? C'est la question des gens inquiets. Ils veulent prendre sur eux la responsabilité de leur destinée. Ont-ils raison? Que font-ils d'ordinaire?

I. **Ils consultent les esprits et les «houngans».** De. 18:9-14
   1. Les nécromanciens: Ceux qui évoquent les morts
   2. Les chiromanciens: Ceux qui lisent les lignes de la main
   3. Les cartomanciens: Ceux qui lisent les cartes
   4. Les horoscopes: ils cherchent à connaître la destinée de quelqu'un à partir des signes du zodiaque, des étoiles.
   5. Des voyants qui lisent l'avenir soit dans les tasses soit à travers une chandelle allumée ou à travers une boule de cristal. Ils ne font que souiller les âmes des simples et irriter Dieu. Lé. 19: 31

II. **Causes de cette attitude**
   1. La peur du lendemain caractérisée par le manque ou l'absence de foi en Dieu. Mt. 6:33
   2. L'ambition du pouvoir. 2 Chr. 20:1; Da. 2:1-2
   3. La haine pour Dieu ou la méconnaissance de sa grandeur. Ex. 5:2

Ainsi dans leur ignorance, ils sacrifient aux «loas» aux anges rebelles, aux démons. Ro.1:21-23

III. Jugement de Dieu
1. Le Dieu jaloux condamne la sorcellerie sous toutes ses formes. Ex. 20:3; De. 18:9-14
2. Il chasse les» bocors» et leurs disciples au profit de son peuple. De. 18:14

IV. La position du Chrétien
1. Remettre son avenir entre les mains de Dieu. Ps. 31:16
2. N' être pas jaloux du succès de personne. Ps. 73:3, 18
3. Se contenter de ce qu'on a. 1 Ti. 6:6
4. Savoir que sa vie commence à la croix et finit dans la vie éternelle. Mc. 10:29-31
5. Savoir que sa vie n'est pas placée sous le signe du gémeau, du lion, du capricorne, du taureau, du bélier, du poisson ou de la vierge..., mais plutôt sous le signe de la croix de Christ, le Maître de la destinée aux pieds de qui tout genoux doit fléchir.

Conclusion: Si vous êtes malade ou pauvre ou victime, consultez Jésus. Il est le maître de notre destinée. Si vous utilisez les simples, les reliques, les incantations, vous allez en enfer.

Questions

1. Définir: Chiromancie, Cartomancie, Nécromancie, Horoscopes. R/ 1-2-3-4
   a. La chiromancie c'est rechercher à prédire l'avenir par la lecture des lignes de la main
   b. La cartomancie c'est rechercher à connaitre l'avenir par la lecture des cartes.
   c. La nécromancie c'est rechercher à connaitre l'avenir en consultant les morts.
   d. L'horoscope c'est rechercher à connaitre l'avenir à travers les signes du zodiaque.

2. Pourquoi les gens consultent ils les devins?
   a. A cause de leur absence de foi en Dieu
   b. A cause de leur ignorance de la grandeur de Dieu
   c. A cause de l'ambition du pouvoir

3. Quel est le jugement de Dieu pour de telles pratiques?
   Dieu les chasse en sa présence.

4. Que doit faire le chrétien face à sa destinée?
   Il doit
   Remettre son avenir entre les mains de Dieu.
   N'être pas jaloux du succès des autres.
   Se contenter de ce qu'il a.
   Savoir que sa vie commence à la croix et finit dans la vie éternelle.
   Retenir le fait que sa vie n'est pas placée sous un signe quelconque du zodiaque

5. Sous quel signe sa vie est-elle placée?
   Sous le signe de la croix de Jésus-Christ.

Récapitulation des versets

Leçons   **Titres**   **Versets**

Leçon 1   **Code D'éthique Chrétienne**
Tout ce que vous faites, faites-le de bon cœur, comme pour le Seigneur et non pour les hommes.   Col.3:23

Leçon 2   **Le Chrétien Et La Mode**
Je veux aussi que les femmes, vêtues d'une manière décente, avec pudeur et modestie, ne se parent ni de tresses, ni d'or, ni de perles, ni d'habits somptueux.   1Tim.2: 9

Leçon 3   **Le Chrétien Et Le Flirt**
N'aimez point le monde, ni les choses qui sont dans le monde; si quelqu'un aime le monde, l'amour du Père n'est point en lui.
1Jn.2: 15

Leçon 4   **Le Chrétien Et La Danse**
Qu'ils louent son nom avec des danses, qu'ils le célèbrent avec le tambourin et la harpe.   Ps.149: 3

Leçon 5   **Le Chrétien Et La Drogue**
Malheur à celui qui fait boire son prochain, à toi qui verses ton outre et qui l'enivre afin de voir sa nudité.   Hab.2: 15

Leçon 6   **Le Chrétien Et Les Jeux De Hasard**
Car l'amour de l'argent est une racine de tous les maux ; et quelques-uns en étant possédés, se sont égarés loin de la foi, et se sont jetés eux-mêmes dans bien des tourments.1Tim.6: 10

Leçon 7   **Le Chrétien Et La Politique**
Alors il leur dit : Rendez donc à César ce qui est à César et à Dieu ce qui est à Dieu.»   Lu. 20:25

Leçon 8   **Le Chrétien Et La Guerre**
Tous les saints vous saluent et principalement ceux de la maison de César.   Phi.4: 22

Leçon 9   **Le Chrétien et le mariage mixte**
Ne vous mettez pas avec les infidèles sous un joug étranger. Car quel rapport y-a t-il entre la justice et l'iniquité ? Ou qu'y a-t-il de commun entre la lumière et les ténèbres ? 2Cor.6: 14

Leçon 10   **Le Chrétien Et La Limitation Des Naissances**
Si quelqu'un n'a pas soin des siens et principalement de ceux de sa famille, il a renie la foi et il est pire qu'un infidèle.
                              1Tim.5 : 8

Leçon 11   **Le Chrétien Et L'avortement**
Je te loue de ce que je suis une créature si merveilleuse. Tes œuvres sont admirables et mon âme le reconnaît bien.
                              Ps.139 : 14

Leçon 12   **Le Chrétien Et La Destinée**
Recommande ton sort à l'Eternel, mets en lui ta confiance et il agira.   Ps.37 : 5

Série IV
LES FEMMES REMARQUABLES DANS LA BIBLE

Editorial

Depuis la chute de nos premiers parents, on n'a pas manqué de combler la femme de tous les torts au point qu'elle perde toute considération sociale. Dans l'Ancien Testament, la femme était chosifiée et comptait parmi les biens meubles dont l'homme disposait. Ge. 12:16; 16:2-3.
En tant que bien meuble, elle devait se croire privilégiée d'être acceptée d'un homme qu'elle honorait comme son seigneur. Ge. 18:12; 1 Pie. 3:6
En tant que bien meuble, la femme n'avait aucune excuse pour l'adultère. A ce moment, le nom du coupable n'était pas cité alors qu'elle encourait la mort par lapidation. Cela va de soi que la polygamie était légale alors que la polyandrie n'était pas entrée dans le vocabulaire des hommes. En guise d'exemple, Salomon avait 1,000 femmes. 1 Roi. 11:3.
Si le nom d'une femme était cité dans une histoire quelconque, ce n'était nullement à cause d'elle, mais pour appuyer certains faits.

Depuis quand la femme est-elle réhabilitée? Depuis l'entrée de Christ dans l'histoire: "Et la Parole de Dieu s'est faite chair, elle a habité parmi nous". Dès lors, la femme est devenue égale à l'homme.
Jn. 1: 14. Jésus pardonne à la femme adultère; Jn. 8:11. Il va jusqu'à offrir de l'eau vive à la femme samaritaine. Jn. 4:10. Il accepte leur adoration, et même leur attendrissement, Luc. 7:38. Souvenez-vous de cette femme qui baisa ses pieds et les essuya avec ses cheveux.

A sa résurrection, écoutez sa voix tendre dans son appel à Marie pour l'envoyer comme la première missionnaire à la recherche des disciples. Mc. 16:6-7.

Depuis lors, Il n'en manquait pas comme servantes: avec le régime neo-testamentaire on a les diaconesses, les dames missionnaires, les monitrices, les associations des dames et toutes sortes d'activités religieuses où les dames sont citées dans des rôles importants.

Là, Jésus met un frein à la polygamie, car chaque homme a droit à une femme et une seule, jusqu'à ce que la mort les sépare. Depuis lors, regarder une femme dans les yeux dans le but de la convoiter était déjà un crime d'adultère. Si jusqu'à présent cette mentalité bâtarde domine l'esprit de l'homme, savoir que son adultère est excusé, parce que le mari est le chef de la femme, qu'il sache qu'il doit l'être comme Christ l'est pour son Eglise et dont Il est le Sauveur. Eph. 5:22-23.

La mention de Paul que «la femme ne doit pas enseigner» était pour corriger un problème local. 1Tim. 2:12. Le jeune pasteur de Corinthe Timothée, pataugeait dans l'incompréhension des membres de l'Eglise où des femmes perturbaient les services d'adoration en prenant ex-cathedra des dispositions qui dérangeaient l'administration de l'Eglise. Tel ne fut pas le cas dans les Eglises de Crète. Tit. 2:3-6 Pierre tout comme Paul préconisent l'honneur à la femme dont l'âme a le même prix que celle de l'homme devant Dieu. Eph. 5:25; 1 Pie. 3:7.
Toute cette élucubration n'était que pour combattre le préjugé commun aux hommes à l'endroit de la femme, préjugé qui tombe toujours quand on veut obtenir son cœur.

Pasteur Renaut Pierre-Louis

Leçon 1
Eve, la Femme Exceptionnelle

Textes pour la préparation:
Ge.chap.2 et 3; 2Co.11:3; 1 Ti. 2:13
Texte à lire en classe: Ge. 2:18-25
Texte d'or: Et l'homme dit: voici celle qui est os de mes os et chair de ma chair! On l'appellera femme, parce qu'elle a été prise de l'homme. **Ge. 1:23**
Méthode: histoire, comparaisons, questions, flanellographe
But: présenter Eve comme «*miss Univers*»

Introduction: Savez-vous que dès la Genèse, la femme avait trois noms et que par ainsi, elle demeure exceptionnelle?

I. **Ses noms**. Ge.1:26-27; 3:20; 2:23
   1. *Adam,* l'humanité, le genre humain, l'homme et la femme. Ge.1:26-27
   2. Femme, homme femelle, en Hébreu: *Isha*, parce qu'elle a été tirée de l'homme, de l'hébreu Ish. Ge.2.:23
   3. *Eve, vie* parce qu'elle peut reproduire. Ge.3:20
   4. A son réveil, *Adam a vu Eve et non Steve.* Donc point de prétexte pour l'homosexualité.
   5. Dieu appela l'homme Adam tandis que l'homme appela le produit de lui-même femme, Eve. Par le nom Adam, Dieu en fait une seule chair, une unité indissoluble.

II. **Ses qualités exceptionnelles**. Ge. 2:22; 4:1, 2, 25
   1. La première femme à vivre sur la terre, parfaite, complète. Elle n'a jamais été bébé, enfant ou jeune fille. Elle eut plusieurs enfants. Ceux connus après le péché étaient Caïn, Abel, Seth et des filles en grand nombre.

2. La première femme à s'appeler épouse. Formée par Dieu pendant le sommeil de l'homme, elle fut créée pour compléter l'homme. Dans sa tendance à dominer, elle nuit à son bonheur. Ge. 3:16
3. Elle fut la plus belle femme que le monde ait connue. Sa beauté séduisit l'homme parfait en beauté.
4. La première femme née sans péché.
5. La première couturière du monde. Ge. 3:7
6. La première à recevoir la divine prophétie de la croix. Sa postérité (Jésus) écrasera la tête de Satan. 3:15

III. Ses faiblesses exceptionnelles. Ge. 3:6; 4:8

1. La première femme à être séduite par Satan. Elle a péché non par envie de désobéir, mais par envie de posséder. Donc la désobéissance que nous appelons péché était le moyen de posséder ce que Dieu ne voulait pas donner. Ge.3 :6
2. La première femme à avoir un fils assassin. Caïn tua Abel Ge.4: 8
3. Elle porte l'homme à faire des erreurs en faisant jouer ses émotions, car elle raisonne surtout par le cœur.

Conclusion

La femme restera différente de l'homme par son origine, sa vocation, sa façon de concevoir et d'agir. Qu'elle reste ce qu'elle est, complément de l'homme pour la paix et la meilleure compréhension de la vie au foyer.

Questions

1. Citez les noms de la femme?
   Adam, femme, Eve.
2. Citez ses qualités exceptionnelles.
   a. Elle n'a jamais été bébé ni jeune fille.
   b. La première femme à être appelée «épouse»
   c. La première femme à séduire un homme
   d. La première femme née sans péché
   e. La première femme couturière
   f. La première à recevoir la divine prophétie de la croix
3. Citez ses faiblesses exceptionnelles.
   a. La première femme à être séduite par Satan.
   b. La première femme à avoir un fils assassin.
   c. La première femme à vouloir dominer son mari.

Leçon 2
Sara, Une Epouse Soumise

Textes pour la préparation:
Ge. Chap.12 et 14;17:15-19; 20 a 23
Texte à lire en classe: Ge. 18:1-12
Texte d'or: Elle rit en elle-même en disant: maintenant que je suis vieille, aurais-je des désirs? Mon seigneur aussi est vieux. **Ge. 18:12**
Méthode: histoire, comparaisons, questions
But: montrer que la soumission d'une femme profite au foyer.

Introduction: Savez-vous que l'obéissance de Sara à Abraham contribuait largement au succès de son foyer? Qui était Sara?

I. Une femme unique. Ge. 12:4; 14:13; Ge. 17:15, 17
1. Son nom Saraï ou noble en Chaldée, laisse à croire qu'elle descend d'une noble origine.
2. Dieu l'appela Sara ou princesse. La première païenne, à côté de son mari à s'appeler Hébreu c'est-à-dire immigrant par les Cananéens. Ge.12:15; 14:13

II. Une femme d'une beauté ravissante.
Sa beauté était telle qu'à l'âge de 65 ans elle suscita la passion chez le pharaon d'Egypte qui la fit enlever; elle connut le même sort à 90 ans avec le roi Abimélec. Ge. 12:15; 20:2

III. Une femme très riche.
En effet, les richesses d'Abraham lui étaient venues en majorité des dédommagements perçus de ces deux rois qui l'avaient enlevée. Abraham administrait ces richesses sans avoir de conflit avec Sara. 12:16; 20:16

IV. **Une femme d'une extrême complaisance.** Elle a permis à son mari d'avoir un enfant d'une négresse, Agar, sa servante et elle promit de l'adopter à sa naissance. 16:1-3

V. **Une femme respectueuse.**
1. Même en présence de visiteurs elle appelle Abraham son seigneur, c'est-à- dire maître de ses biens et de sa personne. Quel mariage rare!
2. Quand Abraham avait décidé avec Dieu du sacrifice d'Isaac, Sara n'avait aucune objection.
   a. Voilà pourquoi Abraham s'était toujours empressé de déférer à ses moindres désirs.
   b. Par exemple, quand Ismaël, fils d'Abraham né d'Agar, l'égyptienne se moquait de Sara, attitude très commune aux adolescents, Abraham n'a pas hésité à le chasser avec sa mère sur une simple demande de Sara.
   Ge. 19:25; 21:9-21

VI. D'après la tradition, elle fut gagnée par une forte émotion quand Abraham allait sacrifier son fils légitime Isaac. Elle mourut à l'âge de 127 ans; Isaac avait alors 37 ans; Agar sa servante et Ismaël son fils adoptif avaient longtemps laissé la maison.
Ge. 23:1

Conclusion
Femmes d'aujourd'hui, trouvez en Sara les secrets du maintien d'un foyer heureux.

Questions

1. Que veut dire Sara? Princesse.

2. Quel était son don naturel? Une beauté incomparable.

3. Comment appelait-elle son mari? Seigneur.

4. Comment eut-elle son premier enfant? De sa servante.

5. Comment s'appelait cette servante, quelle était sa nationalité? Agar, une Egyptienne.

6. Pourquoi Abraham déférait-il aux désirs de Sara? Parce qu'elle inspirait le respect et l'amour.

7. A quel âge eut-elle Isaac, son enfant légitime? A 90 ans.

8. A quel âge mourut-elle et où fut-elle enterrée? Elle mourut à cent vingt-sept ans et fut enterrée dans la caverne de Macpéla.

Leçon 3   Rébecca, Une Femme Vertueuse

Textes pour la préparation: Ge. Chap. 24 à 27
Texte à lire en classe: Ge. 25:19-26
Texte d'or: Et de plus, il en fut ainsi de Rébecca qui conçut seulement d'Isaac notre père. **Ro. 9:10**
Méthode: histoire, comparaisons, questions
But: présenter Rébecca comme une femme vertueuse

Introduction: Faut-il ne pas être belle pour être vertueuse? Jamais! Autrement comment ferais-je pour vous parler de Rébecca? Rébecca était la nièce d'Abraham, une perle de beauté. Elle cultivait toutes les qualités d'une bonne femme de maison. Ge. 26:7

I. **Sa vie de jeune fille.** Ge. 24:10, 15-19.
    1. Bergère. Elle était à la fois vigoureuse et laborieuse.
    2. Tandis que son frère restait à la maison, elle allait puiser de l'eau pour abreuver tout un troupeau de moutons et ne donnait aucun signe de fatigue quand il fallait ensuite abreuver dix chameaux. Notez qu'un chameau assoiffé peut boire d'un trait jusqu'à vingt gallons d'eau.
    3. Hospitalière, elle reçoit l'étranger qui vient chez elle en avouant à ses parents tous les détails de la rencontre sans cacher les cadeaux et les circonstances où elle les a reçus. Ge.24 : 22, 25, 28, 30.
    4. Occupée à la vie de famille, elle n'a pas attendu ses 18 ans pour laisser le toit familial. Bien au contraire, c'est seulement avec le consentement de ses parents qu'elle laissa la maison pour se marier. Ge.24 :. 51, 57-59

II. **Sa vie de famille.** 25:19-22m 26
    1. Elle supportait la stérilité pendant 20 ans sans rien mettre à la charge du mari. Ce n'était pas chez elle un prétexte

pour se donner à un autre homme. Elle obtient deux enfants, Esaü et Jacob comme réponse de Dieu après 20 ans de persévérance dans la prière.
2. Son erreur de mère était d'avoir manifesté de la préférence pour son garçon Jacob au détriment d'Esaü le favori d 'Isaac. La rancune entre les descendants de ces deux frères persiste jusqu'à présent. Cf. Aman, Transjordanie et Israël. 25:27-29
3. A sa mort, rien ne dit que Jacob était là pour lui fermer les yeux. Elle fut inhumée dans la caverne de Macpéla comme Sara, la femme d'Abraham. Ge. 49:31

Conclusion

Malgré cette faiblesse commune à beaucoup de femmes, Rébecca nous laisse l'image de la femme idéale qui se préparait chez ses parents, non pour un homme mais pour la vie.

Questions

1. Qui était Rébecca? La nièce d'Abraham

2. Quel était son métier? Elle était bergère

3. Quel était son caractère?
   Elle était laborieuse, hospitalière, extrovertie

4. Combien de temps sa stérilité a-t-elle duré ?
   Vingt ans

5. Comment s'appelaient ses enfants? Esaü et Jacob

6. Quelle était sa faiblesse? Elle préférait Jacob à Esaü.

7. Où fut-elle enterrée? A Macpéla comme Abraham et Sara

Leçon 4
Débora, Une Dame Extraordinaire

Textes pour la préparation: Jug. Chap. 4 et 5
Texte à lire en classe: Jug. 4:1-11
Texte d'or: Elle répondit: J'irai bien avec toi mais tu n'auras point de gloire sur la voie où tu marches. Car l'Eternel livrera Sisera entre les mains d'une femme **Jug. 4:9ab**
Méthode: histoire, comparaisons, questions
But: exalter les qualités de leader d'une femme juive.

Introduction
Débora succède au faible Schamgar comme juge en Israël. Dans l'Ancien Testament, admettre une femme comme leader était hors de question. Débora devait donc être extraordinaire.

I. Sa vie de Famille. Jug. 4:4; 5:31c
Lappidoth, son mari ne l'empêchait nullement d'exercer sa fonction de juge en Israël pendant 40 ans.

II. Sa vie politique 4:5; 5:7
Elle était un leader de courage. Quand le peuple était désespéré, elle se levait comme une mère pour Israël. Là, sous le palmier qui portait son nom, elle l'exhortait à fuir l'idolâtrie pour servir l'Eternel.

III. Sa carrière militaire. 4:8-9
1. Elle enjoignit Barak, le juge suppléant, à livrer bataille contre les colons cananéens.

2. Mais quand il se rappelle des échecs répétés d'Israël pour sortir de la servitude, Barak hésita. Cependant, il reprit courage quand cette femme extraordinaire promit de l'accompagner sur le champ de bataille. La présence de Dieu et 10,000 volontaires lui suffirent pour vaincre Sisera et son armée forte de 10,000 soldats et de 900 chars de fer.
Jug.4:10-14; 5:8

IV. **Sa vie religieuse.** 4:6, 9; Cf. son cantique d'actions de grâces Jug. 5:1-31
Son don de prophétie, de discernement, sa foi en Dieu avaient suffi pour décider Barak et l'armée d'Israël au combat. Jug. 4:9

V. **Sa vie de poète.** chap. 5
Elle écrit pour nous instruire. Voici les informations que nous avons d'elle :
1. Sous Schamgar, son prédécesseur, Israël idolâtre, vivait sous la terreur des Cananéens. 5:6, 8.
2. Même avec une armée de 40,000 soldats, Israël se résignait à la soumission aux Cananéens. 5:8
2. Trois tribus: Ruben, Dan, Aser s'étaient absentés du combat. 5:16-17
3. Elle motivait les généraux de l'armée ? 5:2
4. Sa victoire lui vint d'une pluie de grêle, de feu et d'une inondation qui neutralisèrent les chars de Sisera au torrent de Kison. Que toute la gloire soit à Dieu! 5:21

Conclusion
Femme, pourriez-vous être aussi vaillante!

Questions

1. Qui était Débora?
   Epouse, juge, soldat, poétesse, prophétesse.

2. Quelles étaient ses qualités maîtresses?
   Elle avait le don de foi , de discernement et de prophétie

3. Qui était son second?
   Barak, juge et chef de l'armée

4. Pourquoi Israël avait-il peur?
   Il adorait les faux dieux

5. Quelles tribus firent-elles défection?
   Les tribus de Ruben, Dan et Aser

6. Comment Dieu vainquit t-il l'armée cananéenne?
   Par des fléaux

7. A qui Débora attribua t'elle la gloire? A L'Eternel

Leçon 5
Ruth Ou La Promotion D'une Femme Païenne

Textes pour la préparation: Tout le livre de Ruth
Texte à lire en classe: Ruth 1:11-18
Texte d'or: Ruth répondit: «Ne me presse pas de te laisser, de retourner loin de toi! où tu iras, j'irai, où tu demeureras, je demeurerai, ton peuple sera mon peuple, et ton Dieu sera mon Dieu» **Ruth 1:16**
Méthode: Histoire, comparaisons, questions
But: Montrer comment la conversion de Ruth lui porte bonheur.

Introduction

Du temps des juges, une grande famine en Israël occasionnait la migration d'Elimelec et de sa famille au pays de Moab. Ils n'y ont survécu que 10 ans au cours desquels Elimelec et ses deux garçons Machlon et Kiljon moururent laissant leur femme veuve: Naomi, femme d'Elimelec, Orpa et Ruth, Moabites respectivement femmes de Machlon et Kiljon. Que faire donc? Naomi va t'elle rester à Moab? Dans sa décision de retourner dans son pays, Ruth, insiste pour s'attacher à sa belle-mère. Quels en furent les résultats?

I. La conviction de Ruth

1. Naomi décida de regagner son pays toute seule. Ruth.1 :8
2. Ses belles-filles Orpa et Ruth pleurèrent. Orpa s'en retourna chez ses parents. Ruth. 1 :9
3. Ruth tint à rester avec sa belle-mère. Peut être le souci de Naomi aurait été de se dérober aux reproches d'avoir marié ses enfants à des femmes païennes, idolâtres.
Mais elle n'arrivait pas à convaincre Ruth qui lui demeurait attachée sous la foi du serment, Ruth 1:16.

4. Et la voilà en compagnie de Naomi jusqu'à Bethléem. Ruth. 1:19

II. Son changement de fortune. 2:1-7
1. Dès son entrée dans la diaspora, sans aucune autorisation légale, elle cherche du travail. Elle va glaner dans un champ. 2:2.
2. Son zèle au travail força l'admiration des moissonneurs qui vantèrent sa compétence à Boaz, le patron. 2:6-7, 16.
3. Par bonheur, Naomi avait raconté à Boaz les bienfaits de Ruth à son endroit. 2:11.
4. Et depuis, elle devint la protégée de celui-ci. 2:15-16

III. Sa brillante destinée. Chap. 3 et 4.
Naomi soignait des relations intéressées entre Ruth et Boaz et ces relations débouchèrent sur un singulier mariage. 3:1-7
De Boaz et de Ruth est issu Obed, grand- père de David, ancêtre de Jésus-Christ.

Conclusion
Finie l'adoration à Kemosh, fini le veuvage sans sécurité, finie la condition d'illégale puisqu'elle s'est mariée à un citoyen du pays. Quel parcours admirable!

Questions

1. Qui était Ruth?
   Une femme moabite mariée à Maklon un Israélite.
2. Qui était Naomi?
   Elle était la femme d'Elimélec, une émigrée Israélite au pays de Moab.
3. Dans quelle circonstance?
   Elle fuyait la famine qui sévissait à Bethleem.
4. Quel était le serment de Ruth?
   Un attachement inconditionnel à sa belle-mère Naomi.
5. Quelle en fut sa récompense?
   a. Son mariage avec Boaz, un riche parent de Naomi
   b. Son droit de citoyenne israélienne reconnu
   c. Sa conversion au judaïsme
   d. Elle devint mère d'un ancêtre de Jésus-Christ.

Leçon 6
Anne, Une Maman Idéale

Textes pour la préparation: 1 S. Chap. 1 et 2; Lu.1:46-55
Texte à lire en classe: 1 S. 1:19-29
Texte d'or: C'était pour cet enfant que je priais et l'Eternel a exaucé la prière que je lui adressais **1 S. 1:27**
Méthode: histoire, comparaisons, questions
But: présenter Anne comme une femme modèle.

Introduction
Pour connaître l'état d'âme d'Anne, il faut avoir essuyé des échecs face à un ennemi prospère.

I. Les souffrances d'Anne. 1 Sam. 1:2, 6.
1. Son mari Elkana avait une autre femme Peninna, une femme féconde mais très réputée pour son zèle à outrager Anne qui était stérile. 1S.1:6
2. L'amour et les biens que Elkana lui prodiguait, étaient loin de la satisfaire. Ainsi, elle maigrissait de chagrin et se décida à répandre sa plainte devant l'Eternel. 1:5, 7
3. Sa douleur était si profonde qu'elle pria Dieu sans ouvrir la bouche. Mais ses gestes traduisaient sa douleur avec une telle éloquence, que Eli, le sacrificateur la croyait ivre. 1:12-16.

II. La délivrance d'Anne
1. Cette délivrance a commencé depuis le jour où elle a accepté d'ignorer Peninna pour crier à Dieu. v. 10
2. Elle fit un vœu: Si Dieu lui donne un enfant, il sera toute sa vie, consacré à L'Eternel v. 11
3. Le sacrificateur Eli la renvoya avec sa bénédiction et depuis, pleine de confiance, Elle mangea. Dès lors, son visage ne fut plus le même ainsi que ses entrailles. 1S.1:18

4. L'année suivante elle mit au monde le petit Samuel. Dès que l'enfant put marcher elle emmena trois taureaux en offrandes à l'Eternel et l'enfant pour être au service de Dieu dans le temple.1:24, 28; 2:11.
5. En retour Dieu lui donna cinq autres enfants. 2:20-21. Malgré tout, Anne montait chaque année à Silo. Elle apportait à Samuel une robe conforme à sa mesure et à son sacerdoce. 2:19

III. **Les louanges de Anne.**
Comparables au cantique de Marie en Lu. 1:46-55
1. Elle loue L'Eternel pour sa sainteté, sa grandeur et sa force 2:1-2
2. Elle le loue pour sa justice. 2.3
3. Elle le loue pour sa réhabilitation. 2:8

Conclusion
Telle est cette femme qui met Dieu en premier. Cessez de murmurer et imitez -la!

Questions

1. Qui était Anne?
   La femme d'Elkana et la rivale de Peninna.

2. Quelle était la nature de son problème?
   Sa stérilité attirait le mépris et la moquerie de sa rivale.

3. Quand en fut-elle délivrée?
   Quand elle pria l'Eternel.

4. Comment s'appelait l'enfant? Samuel.

5. Que donnait elle en offrande à la présentation de l'enfant au temple? Trois taureaux, de la farine et du vin

6. Combien d'enfants eut-elle après Samuel? Cinq.

7. Que fit-elle chaque année?
   Elle apporte à son fils un vêtement sacerdotal.

Leçon 7
Esther, Reine Mondiale De Beauté

Textes pour la préparation: Est 1-4
Texte à lire en classe: Est 2:15-18
Texte d'or: Le roi aimait Esther plus que les autres femmes et elle obtint grâce et faveur devant lui plus que toutes les autres jeunes filles. Il mit la couronne royale sur sa tête et la fit reine à la place de Vasthi. **Est 2:17**
Méthode: Histoire, comparaisons, questions
But: Dégager le secret de la vraie beauté d'une femme.

Introduction
De mémoire d'homme, c'est le premier concours de beauté auquel nous avons le privilège d'assister. Devinez qui sera l'élue sur 127 candidates: Une jeune fille d'Israël, Esther.

I. Les circonstances de son élection. 1:1-4, 10-13, 22
1. La Perse, l'actuel Iran, était un empire mondial. Assuérus régnait donc sur 127 nations. Il invita les représentants de chacune d'elles a un « Open House » où il étalerait ses richesses et magnifierait sa grandeur pendant six mois. A la fin, il leur offrit un festin de sept jours. Les hommes et les femmes fêtaient séparément. Au 7ème jour, le roi invita la reine Vasthi à parader pour montrer sa beauté en public. Elle refusa. Le roi en fut très fâché. Il décida donc en audience royale la répudiation de Vasthi et l'élection d'une autre reine qui serait choisie à la faveur d'un concours mondial. 2:2-4
2. 127 candidates étaient sélectionnées. Elles devaient soigner leur beauté pendant douze mois, suivre des cours de modèle dispensés par les professeurs Hégué et Schaaschgaz, L'examen final sera présidé par le roi lui-même 2:3, 8, 12.

3. Résultats:
   a. Esther est élue «miss univers» sur 127 candidates. 1:1; 2:17
   b. Le roi célébra cet avènement avec beaucoup d'éclat. 2:17-18
   c. Le roi devient plus tendre et plus généreux. v. 18

II. Secrets d'Esther. 2:10,13, 15
1. Elle soigna sa beauté physique qui était pour elle comme un don de Dieu. Elle évita de faire des excès. La simplicité fit ressortir la beauté.
2. Elle soigna sa beauté morale. Esther avait beaucoup de réserves. Elle ne racontait jamais ses affaires intimes à personne. Ainsi sa discrétion lui évite des ennuis. 2:10
3. Elles soigna sa beauté spirituelle. Quand les juifs étaient en péril à la capitale, elle décréta un jeûne national. Elle prit congé de tous au palais pour jeûner pendant trois jours et trois nuits. Est 4:16.
4. Là, dans la présence de Dieu elle est devenue sublime et d'une beauté spirituelle à laquelle le roi n'a pu résister. 5:1-3

Conclusion
Femme, faites-vous aimer de votre mari par les soins que vous donnez à votre corps et surtout à votre âme.

Questions

1. Qui était Assuérus? Empereur sur 127 nations.

2. Combien de temps les festivités avaient-elles duré?
   Six mois

3. Combien de jours les festins avaient-ils duré? Sept jours ?

4. Que demandait le roi à la reine Vathy
   De produire sa beauté en public.

5. Comparez Esther à Vasthi.
   Esther était humble et Vasthi orgueilleuse.

6. Expliquez le succès d'Esther.
   Sa simplicité devant le roi et son humilité devant Dieu lui ont valu d'être élue reine mondiale à la place de Vasthi.

Leçon 8
La beauté d'Esther, une arme tranchante

Textes pour la préparation: Est. chap.5 à 10
Texte à lire en classe: Est 6:1-10
Texte d'or: Moi aussi je jeûnerai de même avec mes servantes, puis j'entrerai chez le roi malgré la loi; et si je dois périr, je périrai. **Est. 4:16**
Méthode: histoire, questions
But: montrer comment sa beauté était une arme tranchante

Introduction
Esther est maintenant reine sur 127 nations. Elle doit se familiariser avec leurs langues, leur culture. Mieux que tout cela, elle doit connaître l'étiquette de la cour et savoir comment plaire au roi. Comment va t'elle réussir?

I. Les atouts d'Hadassa ou d'Esther. 2:7
1. Sa beauté. Le roi l'appelle reine Esther (Etoile) Est.5: 3
2. Son cousin Mardochée l'avait adoptée à la mort de ses parents. Elle suivait à la lettre toutes les recommandations de son protecteur qui connaissait les nuances de la vie politique. Est 2:10.
3. Il l'informait aussi de tous les faits qui puissent intéresser la vie du roi. 2:21-23
4. Elle garde une humeur égale même devant ses ennemis. 5:12
5. Elle aime Dieu et son pays. 4: 16; 7:3

II. Les déboires d'Esther. 3:1, 13-15
1. Haman, un Amalécite, était le favori du roi et l'ennemi juré du Juif Mardochée. Il décida sa perte en portant le roi à décréter la mort de tous les Juifs du royaume.

2. Mardochée invita Esther à publier un jeûne national pour implorer la miséricorde de Dieu. 4:15-16
3. Esther se pressa devant le roi aux yeux de qui elle rayonnait de beauté. Le roi ne savait quoi lui offrir. Est.5:1-4
4. Esther choisit de l'inviter à dîner chez elle pendant trois jours en compagnie d'Haman. 5:8. Ingénuité ou artifice de calcul?
5. Elle poussa l'attente du roi à son point maximum et au bout des trois jours, au moment où le roi était grisé de vin, elle lui déclara le danger que fait encourir Haman à toute la race juive. Et c'est seulement à ce moment-là qu'elle déclarait sa nationalité, après cinq ans de mariage! Cf. Est.2: 16 et 3: 7

III. **Sa victoire.** 7:10; 8:1, 2
1. Haman fut pendu au gibet qu'il avait dressé pour Mardochée.7:10
2. La maison d'Haman lui fut donnée en possession. 8:2
3. Mardochée succéda à Haman avec les mêmes privilèges. 8:2
4. 800 hommes ennemis des juifs furent tués à Suse la capitale et les dix fils d'Haman pendus. 9:12, 14-15
5. Le peuple ne fit aucun pillage, mais il consacra sa victoire en adoptant ce jour dans leur calendrier religieux. 9:10, 16

Conclusion
Femme, voyez comment vous pouvez délivrer une nation seulement avec votre beauté. Ménagez cette arme!

Questions

1. Quels étaient les atouts d'Esther?
    a. Elle était très belle
    b. Elle obéissait sans réplique à Mardochée son père adoptif
    c. Elle gardait le sang-froid en tout
    d. Elle aimait Dieu et son pays

2. Qui était l'ennemi juré des juifs et pourquoi?
    Haman, un Amalécite. Parce que le juif Mardochée refusait de le saluer.

3. Que fit Haman pour se venger de Mardochée?
    Il décréta la mort de tous les juifs vivant en Perse

4. Que fit Esther pour sauver son peuple?
    a. Elle jeuna et pria pendant trois jours
    b. Elle invita le roi à diner chez elle en compagnie d'Haman.
    c. Elle choisit le bon moment pour dire au roi le danger qu'elle encourt, elle et son peuple.
    d. Elle accuse Haman comme l'auteur de ce massacre décrété.

5. Parlez de sa victoire.
    a. Haman fut pendu au gibet préparé pour Mardochée. Ses dix fils subissent le même sort
    b. Mardochée succéda à Haman avec les mêmes privilèges.
    c. 800 hommes, ennemis des juifs furent tuées à Suse, la capitale.
    d. Les juifs commémorent cette victoire par une fête annuelle.

6. Que dire de la beauté d'Esther? C'est une arme de délivrance

Leçon 9
Marie, la Femme Bienheureuse

Textes pour la préparation: Lu. 1:26-56; Mt. 1:18 a 2:1-23; 13:55; Mc. 6:3; Jn. 2:12; 7:1-5
Texte à lire en classe: Lu. 1:34-38
Texte d'or: Et Marie dit: «Mon âme, exalte le Seigneur, Et mon esprit se réjouit en Dieu mon Sauveur parce qu'il a jeté les yeux sur la bassesse de sa servante» **Lu. 1:46-48**
Méthode: histoire, , questions
But: montrer l'humilité de Marie

Introduction
La Nativité. Dieu visite la terre. Il s'est fait chair. Il a habité parmi nous. D'où lui vient cette chair? D'une humble femme, Marie est son nom.

I. Son histoire
1. Marie, un nom commun à beaucoup de femmes. Mt.27: 56; Jn.19: 25; Act.12: 12
2. Elle vient d'une humble contrée, Nazareth. Cf. Jn. 1:46 ; 2 :23
3. Sa pauvreté était telle qu'à la présentation de Jésus au temple, son offrande était limitée à deux pigeons. Cf. Lev. 12:8; Lu. 2:24
4. Rien n'est dit de sa beauté physique. Elle était humble et accepta que Jésus l'appelât femme et non maman. Jn. 19:26
5. Elle reconnaît son besoin d'un sauveur. Lu. 1:47
6. Elle accepta l'autorité de Dieu en son Fils. Jn.2 :3-5
7. Mère d'environ huit enfants, elle les éduquait d'après les exigences de la loi. Jésus eut son certificat d'instruction religieuse à 12 ans. Mt.13: 55; Mc. 6:3; Lu. 2:41-50

Après le chapitre 13 de Mathieu, nous n'entendons plus parler de Joseph. Sans doute il était déjà mort et c'est à Jésus et Marie qu'incombait la charge de la famille.

8. Elle accompagna son fils avec courage jusqu'à la croix.
9. Après la mort du Sauveur, nous la retrouvons pour la dernière fois en compagnie des apôtres dans le service qui conduisit à l'événement de la Pentecôte. Act.1:13-14
10. En 1950, l'Eglise Catholique la vénère en introduisant dans son credo le dogme de l'Immaculée conception. Elle l'exalte comme la reine conçue sans la tâche originelle. Cf. La Bible. Lu. 1:47 ; Ro. 3:23. Tous ont péché.

Conclusion

Aimons Marie et soyons fiers d'elle comme la mère de Jésus-Homme car elle a donné l'exemple en l'acceptant comme son Sauveur. Lu.1:47

Questions

1. Qui est Marie? La mère de Jésus-Homme

2. Avait-elle péché? Oui, puisqu'elle est fille d'Adam

3. Qui doit-on adorer?
   Dieu seul en esprit et en vérité

4. Combien d'enfants avait-elle? Au moins huit

5. Comment s'appelait le père des autres enfants?
   Joseph

6. Comment apprécier Marie?
   Comme une femme humble.

Leçon 10
Marthe, Complément Direct De Marie

Textes pour la préparation:
Lu. 9:57-62; 10:38-42; Jn. 11 et 12
Texte à lire en classe: Lu. 10:38-42
Texte d'or: Le Seigneur lui répondit : Marthe, Marthe, tu t'inquiètes et t'agites pour beaucoup de choses. **Lu. 10:41**
Méthode: histoire, comparaisons, questions, discussions
But: présenter Marthe comme une chrétienne au sens pratique.

Introduction
L'homme ne vit pas seulement de pain, mais d'abord du pain. C'est la philosophie de Marthe, une femme de société.

I. Marthe, une femme de société. Lu. 10:38-42
1. Sœur de Marie et de Lazare. Très hospitalière. Elle recevait souvent le Seigneur chez elle à Béthanie. Jn. 11:1
2. Elle se surmenait pour recevoir Jésus, alors que Marie sa sœur se livrait à l'adoration .Lu.10 : 40
3. C'est la seule femme à avoir son nom répété deux fois de suite par Jésus qui lui disait: "Marthe, Marthe". v. 41
4. Jésus avait raison de l'apprécier, car la veille du jour où Marthe le recevait, il avouait à un jeune homme: "Qu'il n'a pas où reposer sa tête?" Lu. 9:58

II. Marthe, Une femme positive. Jn. 11:20
Son frère Lazare était enterré depuis quatre jours. Quand elle apprit que Jésus était près de Béthanie, elle laissa tout le monde dans la maison de deuil pour aller à sa rencontre. Jésus est sa priorité en temps de crise!

III. Marthe, une femme rationnelle
Elle accepte 3 choses:
1. Que son frère est mort ? C'est un cas perdu. Après 4 jours d'inhumation, il sent. Pas question d'ouvrir un tombeau pour ranimer encore ses douleurs. Jn. 11:39
2. Puisque son frère était chrétien, elle le reverra à la résurrection des morts. Elle ne va pas demander à Jésus de faire quoi que ce soit. Mais l'amitié oblige. Jn. 11:21-24
3. Ce deuil la frappait surtout à cause de l'absence de Jésus aux funérailles. v. 21

IV. Marthe, celle qui aime et sert Jésus à sa façon
Après la résurrection de Lazare, Marthe était la première à offrir un dîner au Seigneur pour manifester sa reconnaissance et célébrer le retour de son frère Jn. 12:1-2. Ainsi elle a montré en tout temps son attachement au Seigneur par le support matériel. Les Eglises ont besoin de chrétiens comme Marthe pour nettoyer l'Eglise, recevoir les invités, organiser des fêtes, des pique-niques, pour contribuer avec leurs talents naturels. Car l'homme ne vit pas de prière seulement ; les autres choses sont bien utiles.

Questions

1. Qui était Marthe?
   La sœur de Marie et de Lazare, amie de Jésus

2. Comment servait-elle le Seigneur?
   Par ses moyens matériels

3. Quand la voyons-nous près de Jésus?
   Après la mort de son frère.

4. Que fit-elle à la résurrection de Lazare?
   Un dîner de reconnaissance à Jésus et de célébration du retour à la vie de son frère Lazare.

5. De quoi peut-on le blâmer?
   De trop de soucis pour les choses de la terre.

Leçon 11
Marie, Une Championne Dans L'adoration

Textes pour la préparation: Mc. 14:3-11; Lu. 10:38-42; Jn. 11
Texte à lire en classe: Lu. 10:38-42
Texte d'or: Une seule chose est nécessaire: Marie a choisi la bonne part qui ne lui sera point ôtée. **Lu. 10:42**
Méthode: histoire, comparaisons, questions, discussions
But: montrer la persévérance d'un chrétien en tout temps.

Introduction
Marie n'a pas son pareil dans l'adoration. Elle a beaucoup par nous apprendre:

I. Marie, une femme de prière
1. En temps normal, elle reste au pied du Seigneur.
   Lu.10 : 40
2. En temps de maladie, elle fait appel au Seigneur.
   Jn. 11:3

II. Marie, une chrétienne constante
1. En temps de deuil, elle garde son sang-froid, mais elle déplore l'absence de Jésus Jn. 11:21
2. Quand Marthe lui annonça la présence de Jésus, elle est allée promptement à sa rencontre. v. 29
3. Elle se prosterna à ses pieds. Comme vous pouvez vous rappeler, prosterner vient du grec: proscuneo qui veut dire baiser la main, adorer. Marie adorait encore le Seigneur, même dans sa détresse. Jn.11:2

III. Marie une chrétienne reconnaissante

Après la résurrection de Lazare, voyez quelle animation chez Marthe contrairement à Marie:

1. Une multitude de juifs vinrent combler la maison de Marthe pour voir Lazare ressuscité. Jn.11:19
2. Beaucoup de Juifs se convertirent et préparent une ovation à Jésus .Jn.12:. 11-13
   Entre temps, Marie n'a qu'un seul souci: Présenter une adoration coûteuse à Jésus:
   a. Elle baigna Jésus de la tête aux pieds avec un parfum estimé à 300 deniers, le salaire d'une année de travail en ce temps-là. Cf. Mt. 20:2. C'était un sacrifice de louange exclusif car elle brisa le vase pour que personne n'en use à l'avenir. Mc.14:3 Cf. Ex. 30.37-38
   b. Parce que l'adjectif grec "loud" en français "baigner" explique comment Jésus était baigné de louange.
   c. Son adoration était empreinte d'humilité. Avec ses cheveux, qui constituent sa gloire, elle essuya les pieds de Christ. En retour Jésus demande que la bonne action de cette femme soit rendue aussi populaire que l'Evangile à travers le monde car c'est avec ce parfum sur tout son corps qu'il allait monter à la croix du calvaire. Mc. 14:8-9

Conclusion
Combien coûte votre adoration?

Questions

1. Comment qualifier Marie?
   Comme une femme de prière

2. Que fait-elle en temps de détresse?
   Elle adore Jésus

3. Que lui donne t'elle en temps de délivrance?
   Un parfum très cher.

4. Comment était son adoration?
   Elle était pleine d'humilité

5. Quelle était la réaction de Christ?
   Que l'on cite cette bonne action dès qu'on prêche l'Evangile

6. Pourquoi?
   Parce que cette femme l'adorait comme Dieu.

Leçon 12
Dorcas, Une Veuve Honorable

Textes pour la préparation: 1 R. 17:17-24; Ac. 9:36-43
Texte à lire en classe: Ac. 9:36-43
Texte d'or: La religion pure et sans tache devant Dieu notre Père consiste à visiter les orphelins et les veuves dans leurs afflictions et à se préserver des souillures du monde. Ja. 1:27
Méthode: histoire, comparaisons, questions
But: encourager les œuvres sociales chez les dames missionnaires de l'Eglise.

Introduction
Avec Dorcas, nous achevons la série de leçons: "Des femmes remarquables" dans la Bible. Que dire donc de cette vieille?

I. Son village de résidence: Joppé
Joppé, aujourd'hui Jaffa, grand port maritime en Israël. Ses habitants vivaient de pêche. Mais quand les vents étaient contraires, plusieurs des pêcheurs perdirent la vie, laissant dans l'indigence des orphelins et des veuves.

II. Sa mission
Sans nul doute, c'est là que commence la mission de Dorcas.
1. Soulager la misère des pauvres.
2. Coudre des habits à la mesure des veuves et des enfants.
3. Leur donner sans doute à boire et à manger selon ses moyens. v. 39
4. Maintenir assurément un service de jeûne et de prière.

III. Sa mort v. 37
Elle succombe à la suite de sa maladie
1. Sa mort constitue une perte relativement irréparable.

2. Les bénéficiaires de ses services refusèrent d'accepter sa disparition: Elles pleuraient et plaidaient devant Dieu. Act.1:39
   a. Elles baignèrent le cadavre et le couchèrent à l'étage.
   b. Elles firent chercher Pierre qui était de passage à Joppé pour venir et ressusciter Dorcas. C'était la seule solution qu'elles attendaient. Act.9:38-39
   c. Elles montrèrent à Pierre leurs habits inachevés que cousaient Dorcas. Pierre devrait en être très ému.

IV. Sa résurrection
1. Pierre fit sortir tout le monde, pria pour Dorcas et ordonna enfin à la morte de se lever. Elle ouvrit les yeux et s'assit. C'est assez pour nous rappeler la résurrection du fils de la veuve de Sarepta par le prophète Elie. 1 R. 17:19-23
2. Pas de prescription, pas de rendez-vous médical, pas d'honoraires de médecin Dorcas est revenue à la vie aux frais de Jésus! Il a tout payé à la croix du calvaire.

Conclusion
Associations des dames, vous qui poursuivez la mission de cette femme, que votre œuvre soit aussi pratique que spirituelle, pour que des miracles de changement se produisent.

Questions

1. Quel est le nouveau nom pour Joppé? Jaffa

2. Quel était le moyen de vivre de ses habitants ?
   La pêche

3. D'où vient t-il qu'il y a tant de veuves?
   Des naufrages répétés consument la vie des pêcheurs.

4. Quelle fut la mission de Dorcas?
   Prendre soin des veuves et des orphelins.

5. Que firent les veuves à sa mort?
   Elles appelèrent Pierre

6. Que fit Pierre?
   Il pria et ordonna à la morte de se lever.

7. Combien coûta sa guérison?
   Rien. Jésus a déjà payé la facture à la croix du calvaire.

Récapitulation des versets

| Leçons | Titres | Versets |

Leçon 1   Eve, la femme exceptionnelle
Et l'homme dit: voici celle qui est os de mes os et chair de ma chair! On l'appellera femme, parce qu'elle a été prise de l'homme.   Ge.2: 23

Leçon 2   Sara, une épouse soumise.
Elle rit en elle-même en disant: maintenant que je suis vieille, aurais-je des désirs? Mon seigneur aussi est vieux.
    Ge.18: 12

Leçon 3   Rébecca, une femme vertueuse.
Et de plus, il en fut ainsi de Rébecca qui conçut seulement d'Isaac notre père.   Ro.9:10

Leçon 4   Débora, une dame extraordinaire.
Elle répondit: J'irai bien avec toi mais tu n'auras point de gloire sur la voie où tu marches. Car l'Eternel livrera Sisera entre les mains d'une femme.   Ju. 4: 9ab

Leçon 5   Ruth ou la promotion d'une femme païenne.
Ruth répondit: «Ne me presse pas de te laisser, de retourner loin de toi! où tu iras, j'irai, où tu demeureras, je demeurerai, ton peuple sera mon peuple, et ton Dieu sera mon Dieu»
    Ruth .1: 16

Leçon 6   Anne, une maman idéale
C'était pour cet enfant que je priais et l'Eternel a exaucé la prière que je lui adressais.   1S.1: 27

Leçon 7   **Esther, reine mondiale de beauté.**
Le roi aimait Esther plus que les autres femmes et elle obtint grâce et faveur devant lui plus que toutes les autres jeunes filles. Il mit la couronne royale sur sa tête et la fit reine à la place de Vasthi.   Est.3:17

Leçon 8   **La beauté d'Esther, une arme tranchante.**
Moi aussi je jeûnerai de même avec mes servantes, puis j'entrerai chez le roi malgré la loi; et si je dois périr, je périrai.
Est. 4:16

Leçon 9   **Marie, la femme bienheureuse.**
Et Marie dit: «Mon âme, exalte le Seigneur, Et mon esprit se réjouit en Dieu mon Sauveur parce qu'il a jeté les yeux sur la bassesse de sa servante»   Lu.1:46-48a

Leçon 10   **Marthe, complément direct de Marie.**
Le Seigneur lui répondit : Marthe, Marthe, tu t'inquiètes et t'agites pour beaucoup de choses.   Lu.10: 41

Leçon 11   **Marie, une championne dans l'adoration.**
Une seule chose est nécessaire: Marie a choisi la bonne part qui ne lui sera point ôtée.   Lu.10: 42

Leçon 12   **Dorcas, une veuve honorable.**
La religion pure et sans tache devant Dieu notre Père consiste à visiter les orphelins et les veuves dans leurs afflictions et à se préserver des souillures du monde.   Jac. 1:27

GLOSSAIRE

Asdodien:	habitant d'Asdod, dans le pays des Philistins
Atout:	chance de réussir
Attraction touristique:	action d'attirer les touristes
Caillou:	petite pierre
Chosifier:	prendre quelqu'un pour une chose
Chypriote:	originaire de l'île de Chypre
Code d'éthique:	recueil de dispositions sur la manière de se conduire en société
Colmater:	Boucher
Concile:	réunion des docteurs en théologie pour décider des questions doctrinales
Contrée:	certaine étendue de pays
Déboire:	Deception
Déchoucage:	(créole) action de décider avec frivolité
Décollage:	(créole) passeport falsifié.

Déguerpir:	quitter rapidement un lieu par force ou par crainte.
Dénombrement:	recensement soit de personnes, soit de choses.
Diaspora:	peuple dans la dispersion
Dispensation:	révélation progressive de Dieu à l'homme
Dogme:	point fondamental de doctrine
Duper:	faire prendre un stimulant
Echanson:	personne qui verse à boire à un grand personnage
Elite d'Israël:	les meilleurs parmi les fils d'Israël
Elucubration:	divagation
Embûche:	piège
Enjoindre:	ordonner expressément
Ex-cathedra:	avec l'autorité de maître
Exonérer:	dispenser totalement ou en partie d'une charge
Explosion démographique:	expansion exagérée de la population
Flirter:	entretenir des relations sentimentales

Fœtus:	embryon. Etat de ce qui est inachevé
Formalisme:	attachement excessif aux formes, aux formalités
Gabaonite:	habitant de Gabaon, de la race des Amoréens 2Sam.21:2
Guet-apens:	piège
Hérésie:	fausse doctrine
Horonite:	habitant de Beth-Horon, dans le pays d'Ephraïm
Hospitalier:	qui accueille
Idolâtrie:	adoration des idoles
Incantation:	emploi de paroles magiques
Inhumation:	action de déposer un cadavre dans la terre
Intimider:	inspirer de la gêne
Lèse-dieu:	attentat à la majesté de Dieu
Lèse-majesté:	attentat à la majesté souveraine
Lettre de créance:	lettre que remet un diplomate, à son arrivée, au chef de gouvernement auprès duquel il est accrédité

Lévite :	chez les Israélites, ministre du culte dans la tribu de Lévi
Linteau:	partie supérieure d'une porte pour supporter la maçonnerie
Loas:	(créole) esprits africains, dieux vodous
Maghrébin:	habitant de l'extrémité septentrionale de l'Afrique : Maroc, Algérie, Tunisie
Marijuana:	produit du hachisch qu'on mâche ou qu'on fume ; elle produit des maladies mentales
Mettre le chapeau bas :	céder devant quelqu'un
Néthiniens :	esclaves du temple assignés par David pour servir les lévites
Nicotine:	poison trouvé dans le tabac
Notoire:	généralement connu du public
Onanisme:	d' Onan. Recherche du plaisir sexuel sans l'idée de procréer
Orfèvre:	celui qui exécute ou vend des objets d'art en métaux précieux
Patauger:	marcher dans une eau boueuse

Polyandrie:	état d'une femme qui a simultanément plusieurs maris
Polygamie:	mari de plusieurs femmes à la fois
Préconiser:	recommander vivement
Relique:	partie du corps d'un saint ou un objet servant à son supplice que l'on conserve religieusement
Rescapé:	sorti saint et sauf d'un danger
Restauration:	réparation
Rock'n'roll:	(arabe, anglais : faire sexe) danse mondaine
Sacrificateur:	(Ancien Testament) Prêtre qui offre des sacrifices pour le peuple
Sévice:	mauvais traitement exercé sur une personne sur laquelle on a autorité
Sorcellerie:	opération de sorcier; tours d'adresse qui paraissent surnaturels
Thanksgiving:	(américain) Jour d'action de grâces observé par les américains
Tékoïte:	Habitant de Tékoa, dans le pays d'En-Guédi 1Ch.2:24; 4:5
Voyage clandestin:	voyage réalisé en cachette

Table des matières

Première Série - Le Christianisme 5
Leçon 1 - Le Christianisme, Plan De Dieu Pour Sauver L'homme. 6
Leçon 2 - La Croix, Planche De Salut Pour Tous Les Hommes 9
Leçon 3 - La Passion: Définir Les Souffrances Du Seigneur 12
Leçon 4 - L'Effet De La Grâce En Jésus-Christ 15
Leçon 5 - La Pâque Juive Et La Fête De Pâques Des Chrétiens 18
Leçon 6 - Les Sept Paroles De Jésus-Christ Sur La Croix 21
Leçon 7 - La Résurrection De Jésus-Christ Et Ses Résultats 24
Leçon 8 - Les Actes des apôtres, preuves de la résurrection de Jésus 27
Leçon 9 - Dix Missions De l'Eglise Dans Le Monde 30
Leçon 10 - Sept Phases De La Vie Chrétienne 33
Leçon 11 - Sept Progrès Dans La Vie Chrétienne 36
Leçon 12 - Pierre, apôtre ou Pape? 38
Récapitulation des versets 401

Deuxième Série - Nehemie 43
Leçon 1 - Néhémie, Un Leader Religieux 44
Leçon 2 - Néhémie, Un Leader Patriote 47
Leçon 3 - Néhémie et sa stratégie de travail 49
Leçon 4 - Néhémie et les dix portes d'accès a la muraille. 52
Leçon 5 - Néhémie Face A L'opposition 56
Leçon 6 - Néhémie Et La Progression De L'œuvre 59
Leçon 7 - Néhémie Et Son Mode De Gouvernement 62
Leçon 8 - Néhémie Et Le Réveil Spirituel Du Peuple 65
Leçon 9 - Néhémie Et La Sanctification Du Peuple 68
Leçon 10 - Néhémie Et Le Repeuplement De Jérusalem 71
Leçon 11 - Néhémie Et La Dédicace Des Murailles 74
Leçon 12 - Néhémie Et Sa Campagne De Redressement 77
Récapitulation des versets 80

Troisième Série - L'Ethique Chretienne 82
Leçon 1 - Code D'Éthique Chrétienne 83
Leçon 2 - Le Chrétien et la Mode 85
Leçon 3 - Le Chrétien Et Le Flirt 87
Leçon 4 - Le Chrétien Et La Danse 90

Leçon 5 - Le Chrétien Et La Drogue......93
Leçon 6 - Le Chrétien Et Les Jeux De Hasard......96
Leçon 7 - Le Chrétien Et La Politique......99
Leçon 8 - Le Chrétien Et La Guerre......102
Leçon 9 - Le Chrétien Et Le Mariage Mixte......105
Leçon 10 - Le Chrétien Et La Limitation Des Naissances......109
Leçon 11 - Le Chrétien Et L'avortement......112
Leçon 12 - Le Chrétien Et La Destinée......115
Récapitulation des versets......118

Quatrième Série - Les Femme Remarquables Dans La Bible......120
Leçon 1 - Eve, la Femme Exceptionnelle......122
Leçon 2 - Sara, Une Epouse Soumise......125
Leçon 3 - Rébecca, Une Femme Vertueuse......128
Leçon 4 - Débora, Une Dame Extraordinaire......130
Leçon 5 - Ruth Ou La Promotion D'une Femme Païenne......133
Leçon 6 - Anne, Une Maman Idéale......136
Leçon 7 - Esther, Reine Mondiale De Beauté......139
Leçon 8 - La beauté d'Esther, une arme tranchante......142
Leçon 9 - Marie, la Femme Bienheureuse......145
Leçon 10 - Marthe, Complément Direct De Marie......147
Leçon 11 - Marie, Une Championne Dans L'adoration......150
Leçon 12 - Dorcas, Une Veuve Honorable......153
Récapitulation des versets......156
Glossaire......158

Tome 2	Série 1	Adoration
	Série 2	Les Miracles De Jesus
	Série 3	David, Un Homme Selon Son Cœur
	Série 4	Moise, Serviteur Du Dieu Vivant
Tome 3	Série 1	Evangélisation
	Série 2	Les Hommes Méchants Dans La Bible
	Série 3	Le Salut
	Série 4	La Marche Dans Le Désert
Tome 4	Série 1	Le Retour De Jésus-Christ
	Série 2	Les Impératifs De La Vie Chrétienne
	Série 3	Des Gens Comme Vous Et Moi
	Série 4	Vous Adorez Ce Que Vous Ne Connaissez Pas
Tome 5	Série 1	Les Types De Jésus-Christ
	Série 2	Les Patriarches
	Série 3	La Dime
	Série 4	Les Armes Du Chretien
Tome 6	Série 1	Les Profondeurs De Dieu
	Série 2	Les Profondeurs De Satan
	Série 3	La Prière
	Série 4	Le Foyer Chretien
Tome 7	Série 1	Conduit Par l'Esprit
	Série 2	Jonas Le Missionnaire Delinquant
	Série 3	Les Héros d'Iraq
	Série 4	La Sécurité Eternelle Du Croyant

Tome 8	Série 1	Les Beatitudes
	Série 2	Esther Et Les Femmes D'aujourd'hui
	Série 3	Jésus Et Son Système De Leadership
	Série 4	L'Eglise, la femme aux sept mystères

Tome 9	Série 1	L'amour De Dieu Dans Ses Grandes Dimensions
	Série 2	La Justice De Dieu Et La Justice Humaine
	Série 3	La Gérance Chrétienne
	Série 4	Des Serviteurs Dans La Bible

Tome 10	Série 1	En Christ.
	Série 2	L'Onction.
	Série 3	Les Rois De Judas.
	Série 4	La Foi.

Tome 11	Série 1	Entre Moi Et Dieu
	Série 2	Comment Sauver Votre Mariage En Péril.
	Série 3	L'Epitre De Paul Aux Galates.
	Série 4	Les anges les agents secrets de dieu à nos côtés.

Tome 12	Série 1	La Guérison Divine.
	Série 2	Le Trousseau De Voyage Du Chrétien.
	Série 3	Témoins De Christ Et Témoins De Jéhovah.
	Série 4	Ezéchiel Dans La Vallée Des Ossements.

Tome 13	Série 1	Mort Pour Les Péchés Non Pour Les Excuses.
	Série 2	La Discipline De Jésus.
	Série 3	Les Six Vases Aux Noces De Cana.
	Série 4	Les Marques De Jésus Et La Marque De La Bête.

Tome 14	Série 1	L'amour Fraternel Dans Ses Grandes Dimensions.
	Série 2	Petros Et Petra.
	Série 3	Les Grands Secrets Du Psaume 23.
	Série 4	Le Septième Mari De La Femme Samaritaine.
Tome 15	Série 1	Mort Pour Les Péchés Non Pour Les Excuses
	Série 2	La Grâce, Une Faveur Imméritée
	Série 3	Au Milieu Des Bêtes Sauvage
	Série 4	Vers La Perfection
Tome 16	Série 1	Le Symbolisme De La Croix
	Série 2	Les Témoins De Jésus-Christ
	Série 3	Les Bénédictions De Dieu Au Mode Conditionnel
	Série 4	L'Eternel, Le Guerrier Invincible
Tome 17	Série 1	Les Vertus Du Pardon
	Série 2	Le Chretien Vigilant
	Série 3	Le Mystere De La Vie Cachee
	Série 4	Pourquoi Voulez-Vous Mettre Jesus En Retard

Rev. Renaut Pierre-Louis

Esquisse Biographique

Pasteur de l'Eglise Baptiste à Saint Raphael,	1969
Diplômé du Séminaire théologique Baptiste d'Haïti,	1970
Diplômé de l'Ecole de Commerce Julien Craan,	1972
Professeur de langues vivantes au Collège Pratique du Nord au Cap-Haitien,	1972
Pasteur de la Première Eglise Baptiste au Cap-Haitien,	1972
Pasteur de l'Eglise Baptiste Redford, Cité Sainte Philomène,	1976
Diplômé de l'Ecole de Droit du Cap-Haitien,	1979
Fondateur du Collège Redford et de l'Ecole Professionnelle ESVOTEC,	1980
Pasteur de l'Eglise Baptiste Emmaüs à Fort Lauderdale	1994
Pasteur de l'Eglise Baptiste Péniel à Fort Lauderdale	1996

Pasteur militant pendant quarante-six ans, avocat, poète, écrivain, dramaturge, Ce serviteur du Seigneur vous revient aujourd'hui avec "**La Torche Brûlante**", un ouvrage didactique de haute portée théologique qui a déjà révolutionné le système d'enseignement dans nos Écoles Du Dimanche, et dans la présentation du message de l'Evangile.

"**La Torche Brûlante**" vous est aussi présentée en livret trimestriel sans nous écarter de notre promesse de vous enrichir avec douze volumes empreints de variété et de profondeur.

Pasteurs de recherche, prédicateurs de réveil, moniteurs de carrière, chrétiens éveillés, prenez "La Torche" et passez-la. 2 Tim. 2:2